浙江省中等职业教育改革发展示范学校建设成果

中职生实用礼仪

杨　红　洪贵平　主　编

潘科峰　主　审

吴永珍　刘云虹　副主编

科学出版社

北　京

内 容 简 介

本书以职校生的个人社会关系为主线，根据中职生的认识能力、活动范围和以后发展的需要，将全书分为六个单元：个人礼仪、家庭礼仪、校园礼仪、社交礼仪、公共礼仪和职场交际礼仪。本书在编写过程中，力求贴近中职生的实际情况，注重礼仪素养的渗透教育，以及内容的精练和图片呈现形式的创新。

本书既可作为中等职业学校素质教育的必修课教材，也可作为社会人士学习礼仪知识的参考书。

图书在版编目（CIP）数据

中职生实用礼仪 / 杨红，洪贵平主编 . —北京：科学出版社，2017.2
（浙江省中等职业教育改革发展示范学校建设成果）
ISBN 978-7-03-050437-1

Ⅰ. ①中…　Ⅱ. ①杨…　②洪…　Ⅲ. ①礼仪-中等专业学校-教材　Ⅳ. ①K891.26

中国版本图书馆CIP数据核字（2016）第262243号

责任编辑：杨　昕 / 责任校对：刘玉靖
责任印制：吕春珉 / 封面设计：东方人华平面设计部

科学出版社出版
北京东黄城根北街16号
邮政编码：100717
http://www.sciencep.com
三河市骏杰印刷有限公司印刷
科学出版社发行　各地新华书店经销
*
2017年2月第　一　版　开本：787×1092　1/16
2020年1月第二次印刷　印张：5
字数：119 000

定价：25.00元
（如有印装质量问题，我社负责调换〈骏杰〉）
销售部电话 010-62136230　编辑部电话 010-62135397-2032

浙江省中等职业教育改革发展示范学校建设成果
教材编审委员会

主　　任　项建微

副 主 任　陈王斌　洪贵平　徐永丽

学校委员　（按姓氏拼音排序）

陈海峰　杜丽荣　郭晓永　季小勇　蒋福祥　潘科峰

邱光华　叶申军　叶云勇

企业委员　（按项目组排序）

陈慧雄（青田餐餐美食连锁有限公司）

叶桂阳（青田侨乡国际大酒店）

陈晓云（石郭六合家宴美食）

吴利文（青田百家私房菜）

杨正峰（青田人禾王朝大酒店）

高耀霞（青田侨乡国际大酒店）

本书编写组

主　　编　杨　红　洪贵平

主　　审　潘科峰

副 主 编　吴永珍　刘云虹

参　　编　周丽萍　陈　婷　吴丽军　王新花　阮庄莲　陈芳莉

龙陈芳　高小芬　黄　镇　毛玲玲

前　言

礼仪是指礼节和仪式。在日常生活、工作中，得体的礼仪会给别人留下良好的印象，有助于凝聚人气，汇集丰富的人际关系资源。礼仪是每个人人生中的必修课，中等职业学校学生（以下简称中职生）应认真学习、积累礼仪方面的知识。

礼仪教育是道德教育的重要内容，学习礼仪知识有助于提升中职生的整体素质，提高其综合竞争力。礼仪课是中等职业学校的通识课，是所有专业都涉及的课程。本书以中职生的个人社会关系为主线，从个人礼仪、家庭礼仪再到校园礼仪、社交礼仪，最后到公共礼仪和职场交际礼仪，由点及面，从而达到全面教育的目的。

本书在编写过程中，力求贴近中职生的实际情况，注重礼仪素养的渗透教育，在内容选取和图片展示上进行了创新。在框架结构上，全书分为六个单元，每个单元又分几个小节，每个小节中设置了“看图议论”环节，以增加内容的开放性，激发学生的学习自主性。

本书由青田县职业技术学校酒店服务与管理专业组教师在周丽萍主任的指导下编写，由杨红、洪贵平任主编，吴永珍、刘云虹任副主编，周丽萍、陈婷、吴丽军、王新花、阮庄莲、陈芳莉、龙陈芳、高小芬、黄镇、毛玲玲参与了编写工作，共同完成了个人礼仪部分学生仪态展示的拍摄工作。

本书的学习对象是中职学校所有专业的学生，建议教学学时为44，具体学时分配见下表。

单元名	课程内容	学时
单元一	个人礼仪	14
单元二	家庭礼仪	4
单元三	校园礼仪	6
单元四	社交礼仪	10
单元五	公共礼仪	6
单元六	职场交际礼仪	4
总计		44

在编写本书的过程中，编者参考了许多出版物和部分网络文章，广泛听取了学生、教师、家长的意见，汲取了同类、同层次教材的智慧，在此向这些作品的作者一并表示感谢。

书稿中的某些图片来自百度图片、百度文库，在此对创作者表示谢意，图片来源恕不一一列出，若有疑问可与主编沟通（联系方式：875471991@qq.com）。

由于时间仓促、编者水平有限，书中纰漏在所难免，恳请广大读者批评指正。

编　者

2016年8月

目　　录

单元一

个人礼仪

学做绅士和淑女，并让礼仪成为生活中的一种习惯。

——西方谚语

第一节　仪容礼仪

一、仪容概述

仪容由发式、面容及人体所有未被服饰遮掩的肌肤所构成，主要包括面部、头部、颈部、手足等部位，是个人仪表的基本要素。仪容可以修饰、完善和自我塑造，好的仪容可以为个人魅力加分。良好的仪容能够给人以端庄、稳重、大方的印象，既能体现自尊自爱，又能表示对他人的尊重和礼貌。仪容美是内在美、自然美、修饰美三方面的统一。

1. 面部的修饰

脸是人际交往中最引人注意的部位，脸部的修饰至关重要。修饰面容，首先要洗脸，使之干净清爽，无油污、无汗渍、无不洁之物。每天仅在早上起床后洗一次脸远远不够，午休后、用餐后、出汗后、劳动后、外出后，最好再洗一次脸。

修饰面容，具体到各个不同的部位，还有一些不同的做法。

（1）眼睛

眼睛是人际交往中被他人注视最多的地方，自然是面容修饰的重中之重。

1）保洁。这里主要是指及时清除眼部的分泌物。另外，如果眼睛患有传染病，应自觉回避社交活动。

2）修眉。如果感到自己的眉形或眉毛不雅观，可进行必要的修饰，但不提倡文眉，更不要剃去所有的眉毛，标新立异。

3）戴眼镜不仅要美观、舒适、方便、安全，还应随时保持清洁。在社交场合与工作场合，按惯例不应戴太阳镜。

猜一猜：说说下面图片中人物的眼神代表的含义，并说明原因。

(2) 耳朵

在洗澡、洗头、洗脸时，不要忘记清洗耳朵。必要时，还应清除耳孔中不洁的分泌物，但不应在他人面前这么做。

(3) 鼻子

平时，应注意保持鼻腔的清洁，不要随处吸鼻子、擤鼻涕，更不要在他人面前挖鼻孔。

(4) 口腔

牙齿洁白，口腔无异味，是护理上的基本要求。要做到这一点，一要饭后刷牙，以去除异物、异味；二要经常利用漱口水、牙线和洗牙等方式、方法保护牙齿；三要在上班和应酬前，不抽烟、饮酒，忌食蒜、韭菜、腐乳之类气味刺鼻的食物。

想一想：你想拥有怎样的牙齿?

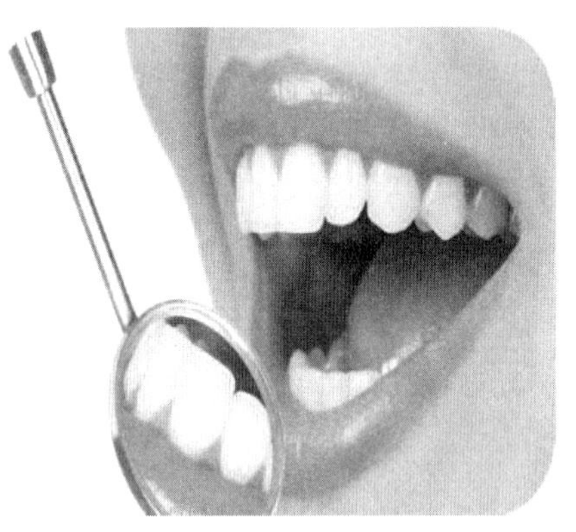

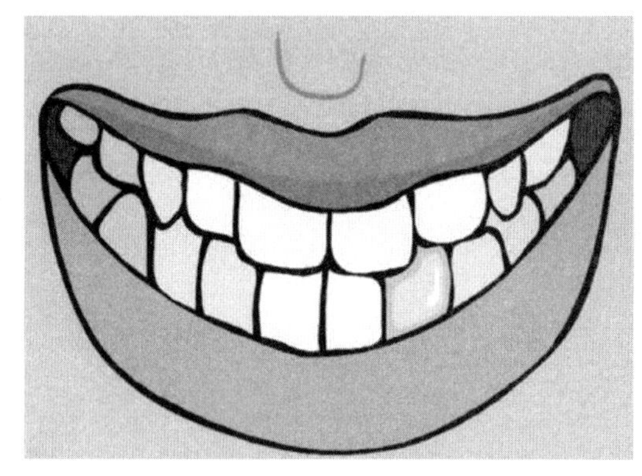

答一答：牙齿知识竞赛。

1) 人的一生长几次牙? 答案：(　　)
2) 第一次长出的牙齿叫什么牙? 答案：(　　)
3) 第二次长出的牙齿叫什么牙? 答案：(　　)
4) 第一次长出的牙齿脱落后能不能再长出来? 答案：(　　)
5) 第二次长出的牙齿脱落后能不能再长出来? 答案：(　　)

(5) 脖颈

脖颈与头部相连，属于面容的自然延伸部分。修饰脖颈，一是要防止其皮肤过早老化，与面容产生较大反差；二是要使之经常保持清洁卫生，不要只顾脸面，不顾其他，脸上干干净净，脖子上，尤其是脖后藏垢纳污，与脸部反差过大。

做一做：颈部保健操。

左右旋转

左右侧屈

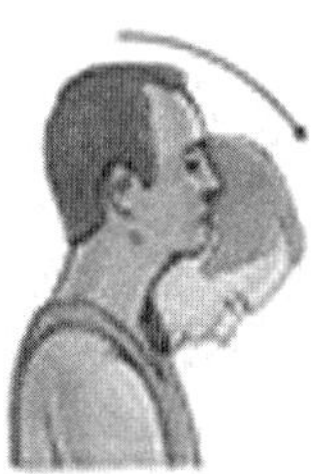

前点头

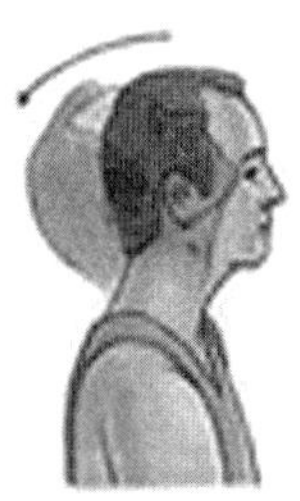

后仰头

拉伸颈部肌肉

2. 其他部位的修饰

(1) 手臂

手臂是日常交往中肢体动作较多的部位，其动作往往被附加了多种多样的含义。

在日常生活里，手是接触其他人、其他物体最多的部位，从清洁、卫生、健康的角度考虑，手更应当勤于清洗。

手指甲应定期修剪，大体上应每周修剪一次，不要留长指甲，指甲长度应以不超过指尖为宜。

学一学——洗手八部曲。

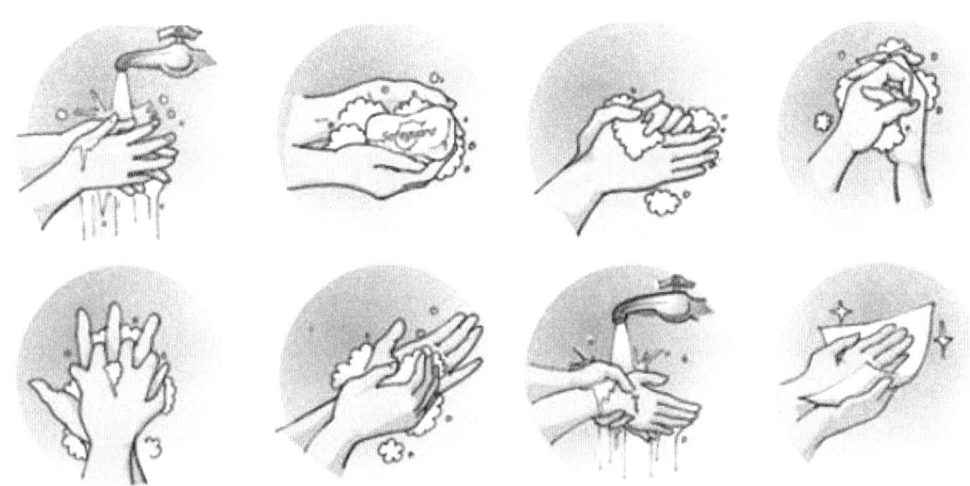

在外人尤其是异性面前，腋毛是不应露出的，女士特别要注意这一点。在正式场合，一定要牢记不要穿着会令腋毛外露的服装。而在非正式场合，若打算穿着暴露腋窝的服装，则务必先行脱去或剃去腋毛。

(2) 脚部

在正式场合不允许光脚穿鞋，使脚部过于暴露的鞋子（如拖鞋、凉鞋）也不能穿。在非正式场合光脚穿鞋时，要保持脚部的干净和清洁。脚趾甲要勤于修剪，不应任其藏污纳垢或者长出脚趾趾尖。

想一想：下面两幅图片的穿着适合什么样的场合，并尝试分析原因。

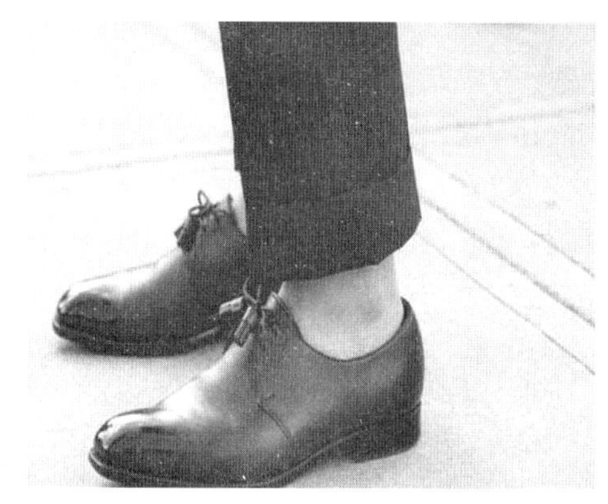

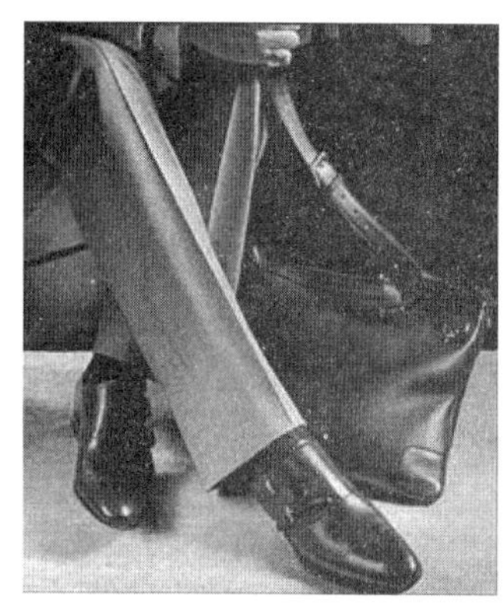

（3）腿部

在正式场合，不允许男士的着装暴露腿部，即不允许男士穿短裤；女士可以穿裙子或长裤，但不允许穿暴露大部分大腿的超短裙或短裤。女士在正式场合着裙装时，裙长应过膝部以下，并且应穿丝袜，非正式场合则无限制。

（4）汗毛

一般成年男士腿部的汗毛比较重，因此在正式场合不应穿短裤或者卷起裤管。女士的腿部汗毛如果过于浓密，则应设法剃除，或者穿深色丝袜加以遮掩。

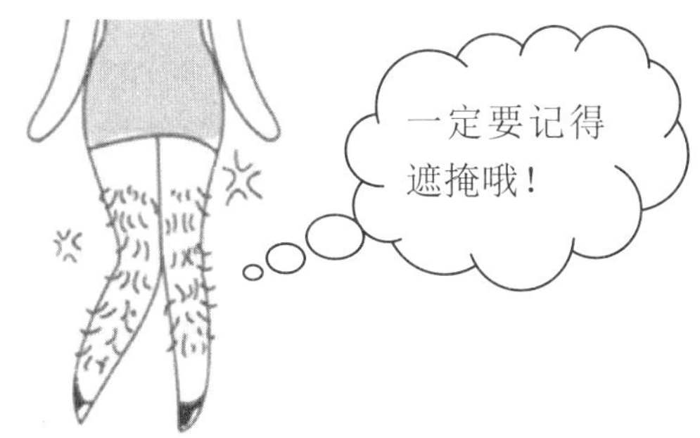

二、化妆礼仪

面部是决定仪容最重要的部位，也是化妆的关键部位。俗话说“三分长相，七分打扮”，化妆是一门技术，也是一门艺术，更是一项重要的礼节。化妆需要注意两个问题，一是要掌握原则，二是要合乎礼规。

1. 化妆的原则

1）美化。化妆时，要注意适当矫正修饰，避短藏拙。

2）自然。通常，化妆既要求美化、生动，具有生命力，更要求真实、自然。化妆的最高境界是“妆成有却无”，天衣无缝。

3）得法。化妆必须得法。例如，工作时化妆宜淡，社交时化妆可以稍浓，香水不宜涂在衣服上和容易出汗的地方，口红和指甲油最好为一色等。

4）协调。高水平的化妆，强调的是整体效果。因此在化妆时，应努力使妆面与身份相协调。

2. 化妆的礼规

化妆时，应认真遵守以下礼仪规范：勿当众化妆，勿在异性面前化妆，勿使妆面出现残缺，勿评论别人的妆容。

学一学：化妆步骤。

三、仪容自查

项目	检查项目	分值	学生自评	同学他评
发型	1）不染发、烫发，不留怪发，头发无异味和头屑 2）男生不留长发，不剃光头，要求前发不遮眉，侧发不过耳，后发不过衣领 3）女生前发不挡住眼睛，原则上头发不能披散	10		
耳、鼻	1）耳、鼻无异物，耳后无污垢 2）鼻毛不露出鼻孔	10		
眉毛	1）眼部周围无杂毛 2）女生不描眉、文眉	10		
口腔	1）口腔无异味 2）牙齿无黄渍	10		
手、足	1）手、足无污垢 2）指甲长度不超过指尖 3）女生不能涂有色指甲油	10		
合计				
教师点评： 教师签名：				

第二节　仪表礼仪

仪表是指一个人的外表,仪表的重点在于着装。心理学中的“首因效应”告诉我们，对人的观察规律是由远及近的,由视觉观察到声音交流再到皮肤感觉(如握手、拥抱等)。因此，人的服饰、仪表首先进入人们的眼帘中，对方所得到的印象基本是仪表传递的，而仪表的80%体现在着装上。它不仅反映出一个人的精神状态和礼仪素养，还是人们交往中产生“第一形象”的重要因素。成功的仪表修饰一般应遵循以下原则。

1）适体性原则。要求仪表修饰与个体自身的性别、年龄、容貌、肤色、身材、体形、个性、气质及职业身份等相适宜和相协调。

2）时间（time）、地点（place）、场合（occasion）原则，简称TPO原则。要求仪表修饰因时间、地点、场合的变化而相应变化，使仪表与时间、环境氛围、特定场合相协调。

3）整体性原则。要求仪表修饰先着眼于人的整体，再考虑各个局部的修饰，与人自身的诸多因素协调一致，使之浑然一体，营造出整体风采。

4）适度性原则。要求仪表修饰无论是修饰程度，还是饰品数量和修饰技巧，都应把握分寸，自然适度，追求虽精心雕琢而又不露痕迹的效果。

一、服饰礼仪

服饰，即衣着和装饰，是一个人外在形象塑造的重要手段和方式。服饰是一种文化符号，它是一个国家、一个民族文化的物化，是社会风貌的展示，是个人内在精神的外化。

1. 服装的三大类别

服装的三大类别主要是指公务、社交、休闲着装。

1）公务着装要整洁、大方、高雅，西服是一种国际性的公务礼服。

2）社交着装要时髦、流行。

3）休闲着装要舒适、得体。

公务场合

社交场合

休闲场合

2. 服装三要素

色彩、款式、面料是服装的三大要素，三者只有与个体自身的性别、年龄、容貌、肤色、身材体形、个性气质、职业身份等相适宜，才能取得和谐的效果。其中，色彩是服装留给人们记忆最深的印象之一，在很大程度上也是影响服装穿着成败的关键所在，因为它对人的刺激最快速、最强烈、最深刻。

（1）色彩搭配的方法

服装色彩搭配是一门艺术，色彩美丽的真谛在于和谐。服装色彩搭配的方法主要有三种。

1）对比色搭配。即在配色时运用性质相反的色彩进行组合。它可以使着装在色彩上反差强烈，产生明快、生动的效果，从而突出个性，如红与绿、黄与蓝、白与黑等都是常见的对比色。

2）同种色相配。这是一种简单易行的配色方法，即将同一色系、明度接近的色彩搭配起来，如深红与浅红、深蓝与浅蓝等。这样搭配的上下衣，可以产生一种和谐、自然的色彩美。

3）邻近色搭配。把色谱上相近的色彩搭配起来易收到调和的效果，如绿与蓝，红与橙、黄等。它与同色搭配相比，色彩丰富且有变化。

一般而言，黑、白、灰是服装色彩搭配时最常见的三种颜色，也是最安全的颜色，它们最容易与其他颜色的服装搭配以取得较好的效果。

对比色搭配

同种色搭配

邻近色搭配

学一学：色谱表。

- 协调色：色环上相近的颜色。
- 对比色：色环上间隔开、出现差距的颜色。
- 补色：对比反差最强烈的一对颜色，如红—绿，蓝—橙，黄—紫。
- 红绿蓝色光三原色原理。

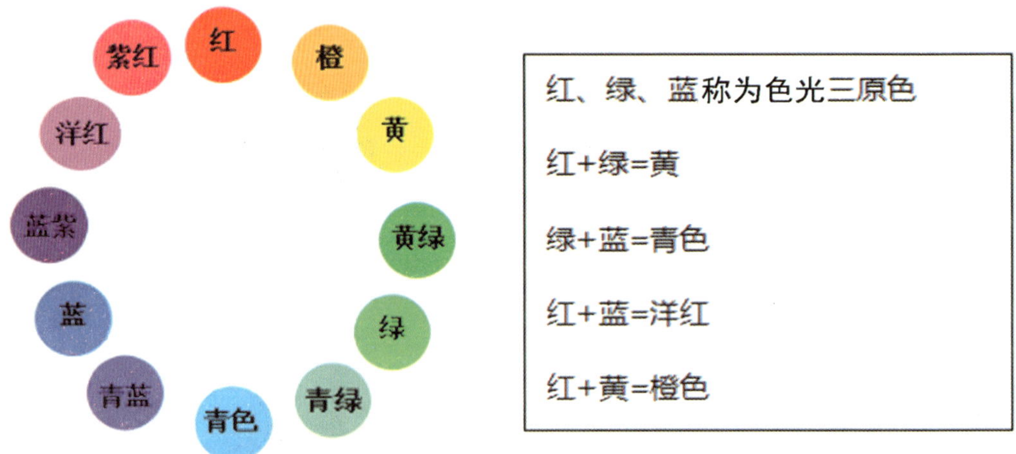

（2）色彩的寓意

红色：是最引人注目的色彩，具有强烈的感染力，它是火的色彩、血的色彩，既象征热情、喜庆、幸福，又象征警觉、危险。红色色感刺激强烈，在色彩配合中常起着主色和重要的调和对比作用，是使用得最多的色彩之一。

橙色：是秋天收获的颜色，鲜艳的橙色比红色更为温暖、华美，是所有色彩中最温暖的色彩。橙色象征快乐、健康、勇敢。

黄色：是阳光的色彩，象征光明、希望、高贵、愉快。浅黄色表示柔弱，灰黄色表示病态。黄色在纯色中明度最高，与红色色系的色彩配合产生辉煌华丽、热烈喜庆的效果，与蓝色色系的色彩配合产生淡雅宁静、柔和清爽的效果。

绿色：是植物的色彩，象征着平静与安全，带灰褐色的绿色则象征着衰老和终止。绿色和蓝色配合显得柔和宁静，和黄色配合显得明快清新。由于绿色的视认性不高，因此多作为陪衬的中性色彩运用。

蓝色：是天空的色彩，象征和平、安静、纯洁、理智，但又有消极、冷淡、保守等意味。蓝色与红、黄等色彩运用得当，能构成和谐的对比调和关系。

紫色：象征优美、高贵、尊严，另一方面又有孤独、神秘等意味。淡紫色有高雅和魔力的感觉，深紫色则有沉重、庄严的感觉。紫色与红色配合显得华丽和谐，与蓝色配合显得华贵低沉，与绿色配合显得热情成熟。紫色运用得当能构成新颖别致的效果。

黑色：是暗色，是明度最低的非彩色，象征着力量，有时又意味着不吉祥和罪恶。黑色能和许多色彩构成良好的对比调和关系，运用范围很广。

白色：表示纯粹与洁白的色，象征纯洁、朴素、高雅等。作为明度最高的非彩色，白色与黑色一样，与所有的色彩构成明快的对比调和关系，与黑色相配，构成简洁明确、朴素有力的效果，给人一种重量感和稳定感，有很好的视觉传达能力。

值得注意的是，服饰色彩还应与个人的身材、肤色等方面协调一致，如深色有收缩感，适合肥胖者穿着；浅色的衣料有扩张性，身材瘦小者穿着有丰腴的效果。

二、佩饰礼仪

饰品，是指能够起到修饰、点缀作用的物品，包括服装配饰和首饰配件，是实用性和艺术性的结合。饰品的佩戴是服饰礼仪的重要组成部分。饰品佩戴的总体原则是简洁、精致。符合礼仪的佩戴，可以起到扬长避短、装饰点缀、传递信息和塑造形象等作用。

选一选：你更喜欢哪种搭配？请说说你的理由。

饰品佩戴的主要原则如下。

1. 数量原则

无论是工作中还是生活中，身上所佩戴的饰物通常以少为佳，过于繁杂的修饰只会让人感觉到你的张扬和庸俗。需要多搭配首饰时，也最好不要超过三件，男士则只适合佩戴戒指。

2. 色彩、质地原则

饰品的质地、色彩和款式要与所处的场合、时间和佩戴者的衣着相协调，否则，就失去了为佩戴者锦上添花的作用了。佩戴首饰时质地上的原则是争取同质，即选水晶，就全部用水晶，因为首饰的材质本身就给人独特的视觉感，同质地的首饰能够展现一种精致的协调感，从而给人带来端庄的美感。

辨一辨：珠宝材质类别。

3. 季节原则

首饰也像衣服一样，是季节性的东西，因此在挑选首饰时，应与当时的季节相吻合。通常金色和深色的首饰适于在冷季佩戴，银色与艳色的首饰适合暖季佩戴。

4. 习俗原则

饰品是有语言的，尤其是首饰，无意中戴错又恰巧被他人按习俗理解，则有可能在国际交往中出现尴尬，导致失礼和误会。因此，在佩戴首饰时要入国问禁、入乡随俗。例如，戒指的佩戴往往暗示佩戴者的婚姻和择偶状况，戒指一般戴在左手上。戒指戴在食指上，表示无偶或求婚；戴在中指上，表示已有了意中人，正处于恋爱之中；戴在无名指上，表示已订婚或结婚；如果戒指戴在小手指上，则暗示自己是一位独身者。在不少西方国家，未婚女子的戒指戴在右手而不是左手上，修女的戒指戴在右手无名指上，这意味着她已经将爱献给了上帝。

三、服装穿着注意事项

服装穿着既是一种礼仪要求，也是一门艺术，更是关乎我们每个人“形象工程”的大事。得体的服装还将为我们社交活动的成功增加砝码。在实际工作、生活中，服装穿着应注意以下几点。

1）按规定着装。重大的宴会、庆典和商务谈判，尤其是涉外商务活动，组织者所发请柬上有时会专门注有着装要求，参加者应按规定着装。通常，男士较正式的服装为上下同色同质的毛料中山装、西装或民族服装等；女士则可穿各式套装、民族服装、旗袍或连衣裙。

2）正式场合不要穿短裤、背心、超短裤、紧身裤等，内衣千万不能露在外衣外面。睡衣只适宜在卧室穿着，在家里或宾馆内接待来访客户时，不得光脚或只穿内衣、睡衣、短裤。各式休闲鞋、时装鞋不能与正规礼服相配。穿西服一定要配颜色相宜的皮鞋，但忌戴帽子，西服的衣裤兜内忌塞得鼓鼓囊囊。

3）社交活动时，进入室内场所均应摘帽，脱掉大衣、风衣、雨衣等。男子任何时候在室内不得戴帽子和手套。室内一般忌戴墨镜，在室外遇有隆重仪式或迎送等礼节性场合，也不应戴墨镜。有眼疾戴有色眼镜时，应向客人或主人说明并表示歉意，或者在握手、交谈时将眼镜摘下，离别时再戴上。

学一学：胸花佩戴的正确位置——它应在领子上，不在胸前。

四、仪表自查

项目	检查项目	分值	学生自评	同学他评
服饰	1）衣服干净整洁，没有污渍和破损，不穿奇装异服 2）男生衬衫不系扣子不得多于三颗，不能敞开穿 3）男生夏天不得穿背心或光膀子在校园活动 4）女生不得穿露背、露脐装，超短裙、超短裤和透视装 5）女生不能将吊带和背心外穿，不穿过分暴露的衣服	20		
饰物	除手表外，不能佩戴其他装饰物品（特殊情况：家人给的“吉祥物”之类的除外）	10		
鞋袜	1）不穿拖鞋（除脚受伤外） 2）女生不穿高跟鞋（鞋跟超过 3 厘米） 3）体育课不穿松糕鞋 4）女生穿裙装时不得穿颜色和款式怪异的丝袜	10		
香水	1）原则上不建议喷香水 2）如果使用香水，请注意选择果香型的香水，不要使用味道浓郁的香水，注意喷洒的距离	10		
合计				

教师点评：

教师签名：

第三节　仪态礼仪

仪态就是人的身体姿态和风度，它从细微处显露人们的教养和品位，也称体姿。仪态是一种无声的语言，直接构成说话主体的体态形象，它与有声语言互为补充，使说话者以直观动态的主体形象出现在听者的面前。优雅的举止总是能给人留下深刻的印象，因此，有经验的成功人士善于运用恰当、独特的体态动作来改善自己的形象。仪态主要包括规范的站姿、端庄的坐姿、优美的走姿、正确的蹲姿、优雅的手势等。

一、规范的站姿

站立是一种静态的形象。优美的站立是姿态的起点，是其他动作美的基础。站的要领是挺胸、收腹，收颌、抬头，双肩放松、身体端正，眼睛平视、表情平和，双臂自然下垂或交叉。

1. 直立式站姿

抬头挺胸，目视前方，面带微笑，立腰提臀。男士两腿稍微分开，间距以不超过肩宽为宜。女士两腿并拢，脚跟靠拢，两脚尖分开呈“V”字形或“丁”字形。双手自然下垂放在大腿两侧，手指稍弯曲，或呈半握拳状。

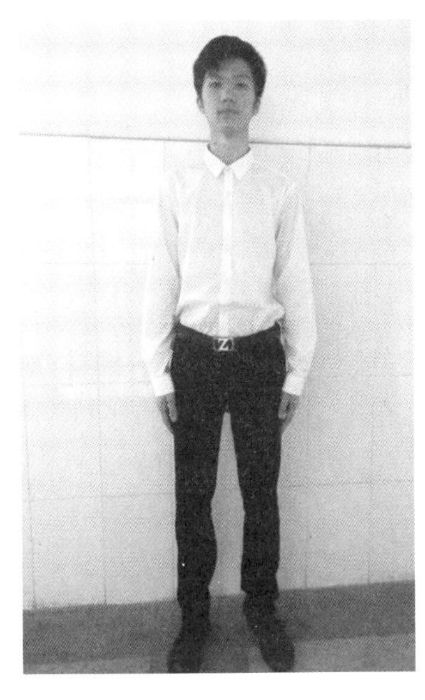

2. 前腹式站姿

在直立式站姿的基础上，双手在腹前交叉。此姿势对男性和女性有不同的要求。

男性应用左手握住右手，两脚也可打开，两脚尖平行，并与肩同宽。女性应用右手握住左手，并且左手的五个指尖和右手的拇指尖不应露于外面，两脚保持直立式站姿。

3. 后背式站姿

在直立式站姿的基础上，两脚也可打开，两脚尖平行，并与肩同宽，双手放于背后，右手握住左手放在后腰处（此姿势仅适用于男性）。

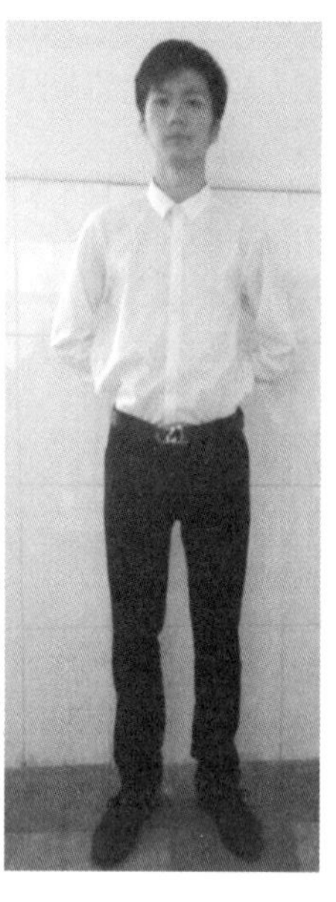
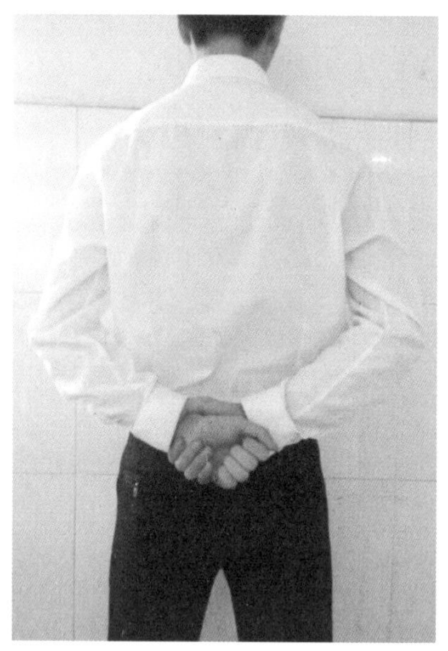

与人站立交谈时，双手不应插在腰际或抱于胸前，这是带有进犯意味的姿势。切忌腿不停地抖动、脚打拍子或是在地上不停地画弧线等下意识的动作，那样会给人漫不经心或是没有教养的感觉。还应避免缩肩或倚靠墙壁，那样会给人萎靡不振的感觉。

二、端庄的坐姿

坐是一种静态造型。端庄优雅的坐姿，会给人以文雅、稳重、自然大方的美感，反之会给人以慵懒无礼的印象。

1. 入座、离座的基本要领

入座时，轻缓走到座位前面，然后侧身；转身后，右脚后退半步（用右腿探测椅子的位置），坐于椅子上（女士坐前2/3处，男士则可坐满整把椅子），将右腿收回与左腿平放（女士若着裙装，应将裙子向前拢一下）；坐下后，上身正直，目光平视，面带微笑，两手相交在腹部或放在两腿上，两脚平落地面（男子两膝间的距离不得超过肩宽，女子则不应该分开）；坐稳后，若椅子有扶手，双手可轻搭两扶手或一搭一放，无扶手时，两手相交或轻握放于腹部，亦可左手放在左腿上，右手搭在左手背上，男士两手可各放在相应的腿上；起立时，先右脚向后侧半步，然后起立转身离开。另外，入座时还讲究“左入左出”。

2. 常见的规范坐姿

（1）端坐式

上身挺直，双肩放平，两臂自然弯曲，双腿垂直于地面，男士两膝间距离应不超过肩宽，双手放在双膝上（两手分别放在膝盖上）或椅子扶手上；女士双膝并拢，两脚靠拢或呈“丁”字步，两手虎口相握（右手贴于左手上）放在两腿上。

（2）交叉式

在端坐的基础上，女士双腿并拢，两脚踝部交叉（右脚在前，左脚在后），双手自然放在双腿上；男士将小腿前伸，双脚踝部交叉（右脚在前，左脚在后），双手放在腿上或扶手上。

（3）重叠式

在端坐式的基础上，左（右）腿垂直于地面，右（左）腿提起重叠于左（右）腿上边，双手放在腿上或是扶手上。要注意右（左）脚向里收贴住左（右）腿，右（左）脚尖向下。

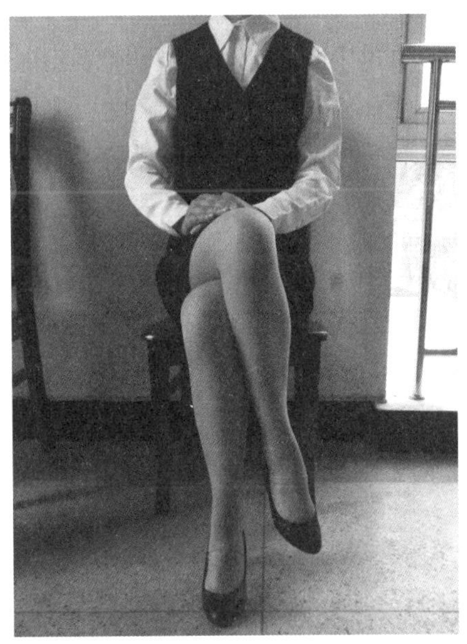

（4）屈直式

在端坐式的基础上，右（左）脚前伸，左（右）小腿后屈，大腿靠紧，两脚前脚掌着地，并在一条直线上。（适用于女性）

（5）侧点式

两腿并拢，两小腿同时向身体右侧或左侧斜出，并且与地面呈约 45°。注意大腿小腿要呈 90°，小腿要充分伸直，尽量显示小腿长度。（适用于女性）

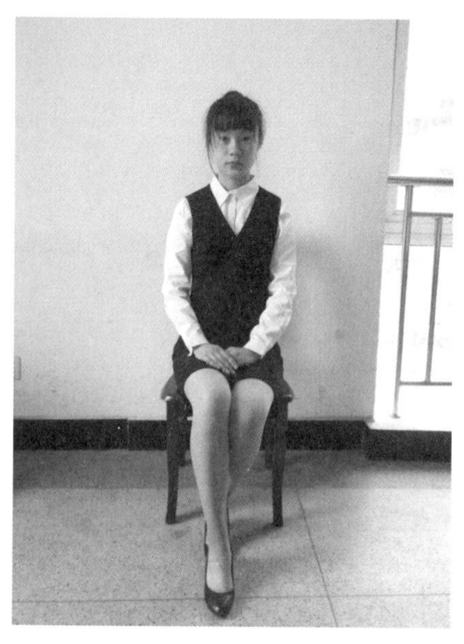

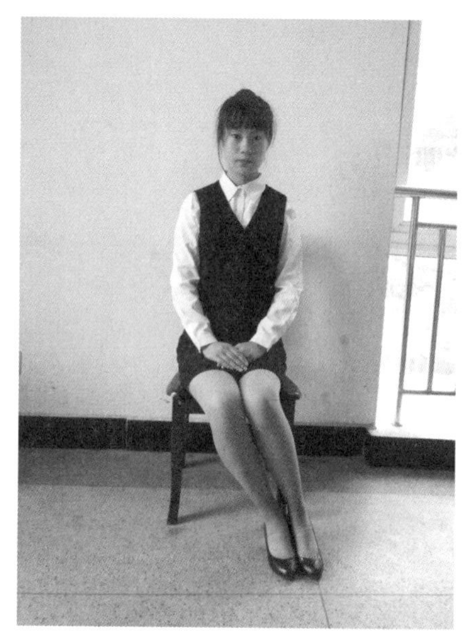

3. 坐姿的注意事项

在公共场合，入座时要稳要轻，要不紧不慢，不可猛坐猛起使椅子发出声响。女士着裙装入座时，应用手拢平裙摆再坐下，不要坐下后再起身整理衣服。

三、优美的走姿

走姿是一个人在行走过程中的姿态，是展示人的动态美的连续动作，是节奏美的体现。正常的行走路线应是“一条线”或是“两条平行线”。稳健、自然、轻盈的步伐能展现出自信的精神面貌，给人以美的享受。

1. 走姿的基本要领

1）以站姿为基础，头部平正，目光平视正前方。

2）双肩平齐，大臂带动小臂自然摆动，胳膊摆到体前时稍向里扣。

3）行走时，以大腿带动小腿，脚跟先着地。

4）女性走出的轨迹应是一条直线，男性走出的轨迹应在两条平行线上。

5）标准的跨步距离为一脚至一脚半，即前脚脚跟与后脚脚尖之间的距离为本人脚长度的 1 ~ 1.5 倍。

2. 服务中的走姿

（1）陪同客人的走姿

在基本走姿的基础上，位于客人侧前方 2 ~ 3 步，按客人的速度行进，不时将身体侧向客人并用手势指引方向，招呼客人。

（2）与客人同向行进的走姿

在基本走姿的基础上，尽量不要超过客人；如果确实是工作需要又不能避免时，要先道歉后超越，再道谢。

（3）与客人相向而行的走姿

在基本走姿的基础上，当接近客人时，应放慢速度；与客人交会时，应暂停行进将身体侧向客人，微笑致意，礼让客人通过后再前进。

3. 走姿的注意事项

为了避免走姿影响自己的形象，行走时应保持身体的挺直端正，切忌左顾右盼，左摇右摆。膝盖和脚踝都应轻松自如，要用腰力，有韵律感，以免显得呆板、僵硬。

四、正确的蹲姿

蹲姿是人处于静态时的一种特殊体位，它是由站姿转化而来的，当人站立时，两腿弯曲并降低身体高度，上身挺直，即形成蹲姿。

1. 蹲姿的基本要领

1）下蹲之时，左脚在前，右脚稍后。

2）左脚应完全着地，小腿基本上垂直于地面；右脚则应前脚掌着地，脚跟提起。

3）右膝须低于左膝，右膝内侧可靠于左腿小腿的内侧，形成左膝高右膝低之态。

4）女性应靠紧两腿，男性则可适度地将其分开。

5）如果着裙装，下蹲之前，应顺手整理一下自己的裙摆，使其夹于臀部与腿之间。

6）如果下蹲时间过长，或者为了用力方便，则可以双腿一蹲一跪，采取半蹲半跪式姿势。

2. 常见的蹲姿

（1）高低式蹲姿

下蹲时，双膝一高一低，两膝盖内侧紧靠。左脚脚掌着地，小腿垂直于地面，右脚脚跟提起，臀部向下。

（2）交叉式蹲姿（此姿势适用于女性）

下蹲前，左脚在前，右脚在后，双脚交叉在一起，右膝由后面伸向左侧，右脚全脚掌着地，左脚脚跟抬起，臀部向下，自然下蹲。

使用蹲姿应注意的礼仪包括：不要突然下蹲、不要离人太近、不要方位失当、不要毫无遮掩、不要随意滥用等。

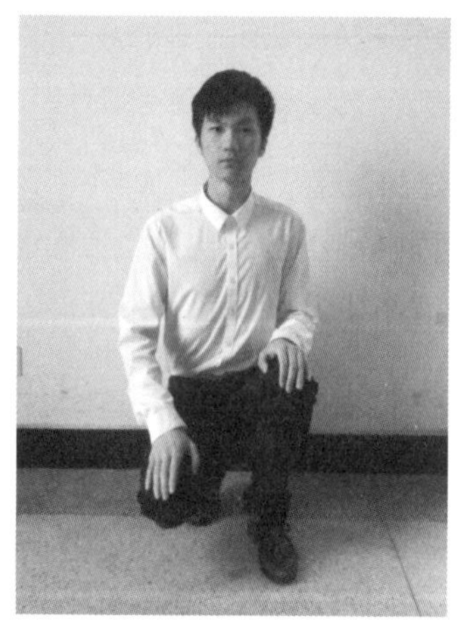
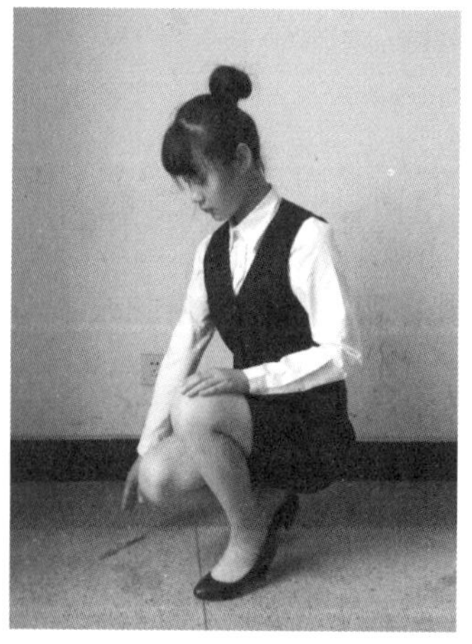
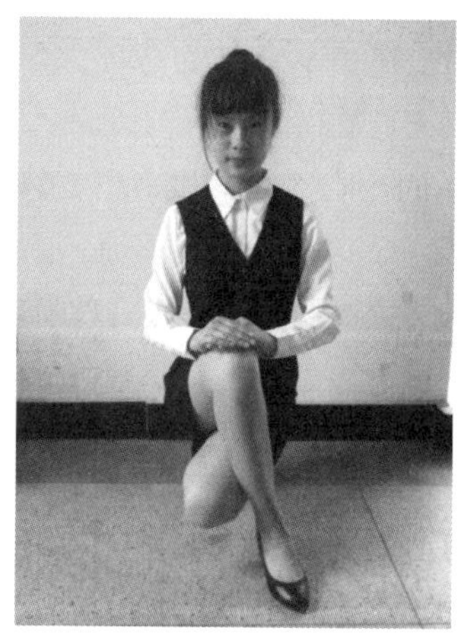

五、优雅的手势

手势是一种复杂的符号，是运用手的动作变化来演示一种无声的语言。根据心理学家的研究，在社会交往中，语言在沟通中所起的作用只占 30%，而举止所起的作用要占 60% 以上，其中手势是举止中最富有表现力的。

1. 常用的手势

（1）横摆式

横摆式是最常用的手势，用于表示“请进”“请”等含义。横摆式的做法是：右手五指并拢，手掌自然伸直，手心向上，肘微微弯曲，从腹前抬起，以肘为轴轻缓地向右摆出，到身体右前方处停止。头部和上身微向伸出手的一侧倾斜，同时左手自然下垂或放在腹前，双脚并立或站成“丁”字步，并面带微笑，表现出对客人的欢迎和尊敬。

（2）双臂横摆式

当来宾较多时，为了表示对大家的欢迎，表示“请”的动作幅度可以大一些，通常可采用双臂横摆式。即两手从腹前抬起，两肘微微弯曲，掌心向上，同时向身体左右两侧摆出，摆至身体腰部左右两侧前方处停止，上体略前倾，并微笑致意。

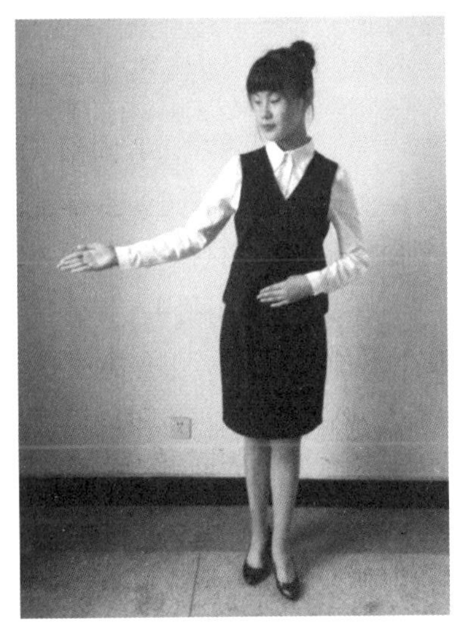

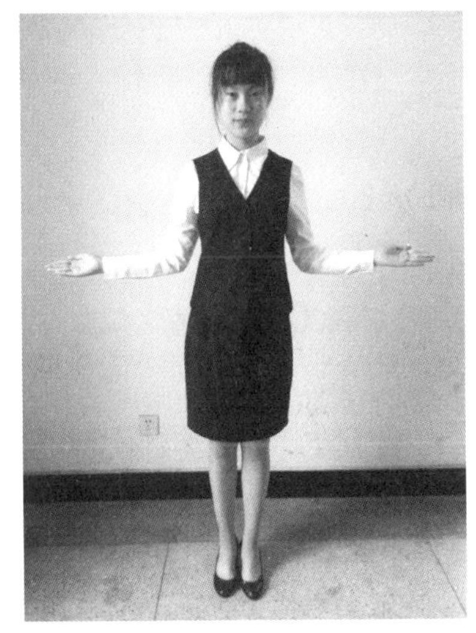

（3）前摆式

当一手需要拿着东西、扶着电梯或扶着门，同时又要向客人做出“请”的手势时，可以使用前摆式。前摆式的做法是一只手五指并拢，手掌伸直，以肘关节为轴，从身体一侧由下向上抬起，手臂稍弯曲，到腰的高度时停止，并在身前向对侧摆动。摆动的幅度不宜过大，不要超过身体的宽度，同时目视客人，面带微笑。

（4）斜摆式

这个手势主要用于请客人入座时，手势应摆向座位所在处。手要先从身体的一侧抬起，到高于腰部后，再向下摆去，使大小臂呈一斜线，指向座位的方向。

（5）直臂式

此手势常用于指示或引领客人至较远方向时。直臂式的做法是：五指并拢伸直，掌心向上，屈肘从身前抬起，向所指的方向摆去，抬到肩的高度时停止，肘关节基本伸直（在指引方向时，注意不可用单个手指指方向，显得不礼貌）。指示方向时，上体略向前倾并侧向客人，面带微笑，眼睛应兼顾指示的方向和客人。此手势表示恭敬、诚恳之意。

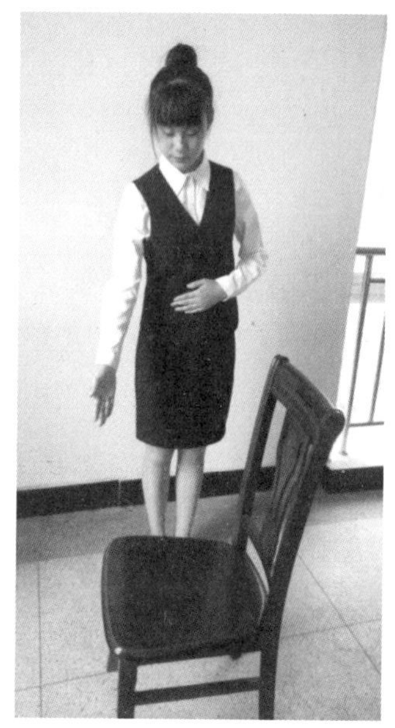

2. 手势的注意事项

不同国家、地区、民族，由于文化习俗不同，手势的含义也有很多的差别，同一手势表达的含义也不尽相同。

手势在使用时宜少不宜多。多余的手势会给人留下装腔作势、缺乏涵养的感觉。

说一说：下面手势语的含义。

单元二

家庭礼仪

幸福的家庭都是相似的，不幸的家庭各有各的不幸。

——列夫·托尔斯泰

索菲亚·罗兰说：家庭是学习举止礼貌的好场所。如果你的孩子成人后有良好的举止，这会使他们生活得更加惬意舒适。

家庭是社会的细胞，是社会的重要组成部分。家庭礼仪是生活中的必要礼仪。家庭成员之间要以礼相待；邻里之间要互谅、互让、互助；待客、做客也要遵循礼仪规范。

选一选：你更喜欢下面哪张图片中的家庭？说明原因。

我们在家庭中孕育，受到呵护，家庭生活也是社会生活的提前训练。只有从家庭生活中，从与我们最亲近的家人相处中，开始学习做人的礼仪，不断提高自己的修养，养成文明的习惯，才可能在社会上做一个文雅、得体、备受欢迎的人。

第一节　家庭成员礼仪

家庭成员礼仪是人们在长期的家庭生活中，互相沟通思想、交流信息、联络感情而逐渐形成的约定俗成的行为准则和礼节、仪式。家庭和谐相处的核心是爱，关键是成员之间遵守共同的礼仪规范。

家庭成员之间的礼仪规范主要包括父母子女之间的礼仪、兄弟姐妹之间的礼仪等。

想一想：说说这两幅图片的内容是什么，谈谈你的感想。

一、父母子女间的礼仪

父母和子女是家庭中最为亲近的人，父母和子女之间终生负有法律上和道义上的责任和义务。父母担负着爱护和养育子女的责任，子女也担负着尊重和赡养父母的义务。

1. 子女对父母的礼仪

1）敬重父母。子女对待父母，应以敬重为先，认真对待在父母面前的一言一行。与父母讲话时，一定要讲礼貌、守规矩，时时刻刻按照礼仪规范行事。对于父母的批评与指教，子女应认真恭听、虚心接受。无论从哪方面讲，父母对子女的苦口婆心都是爱的表现。明白了这一点，即使父母的言词有些偏差，做子女的也应理解父母，切不可强词夺理、当场顶撞，或是不屑一听、扬长而去。不要过分夸大与父母沟通的障碍，更不能一味认定父母跟不上时代。

2）不让父母担心。在家里的时候，如果你有事情要外出，一定要向父母说明到哪里，什么时候回来。决不能让父母为自己的行踪担心。

3）孝顺父母。孝顺父母是人类共同崇尚的美德，是一个人应尽的义务。一个人不论做什么工作，对父母的养育之恩都要尽力回报。孝敬父母不仅指物质上、生活上的帮助和照料，还包括精神上的慰藉。父母晚年时可能身体欠佳、备感孤独，在这种情况下更需要子女多尽孝心。代沟是老少相处的主要问题，并已成为社会广泛关注的问题。双方的相互理解和相互尊重，是跨越代沟的前提。孝顺父母要体现在生活中的方方面面。

想一想：你更愿意做下面哪个角色？

4）与父母沟通。一定要心平气静地和父母沟通，最好是能把父母看成自己的朋友。发生争执时，要先想想自己在这件事情上有没有做得不太好的地方或者是不对的地方，如果是自己的问题，要自己反省并改正错误。如果是父母有什么不对的地方，不要与其争吵，要坐下来与父母沟通，相信父母也会接受你的看法。在解决问题时双方都要冷静，只有这样才能更好地与父母沟通，加深彼此的理解。

2. 父母对子女的礼仪

1）以身作则，言传身教。作为父母，在孩子面前一定要以身作则、言传身教，为孩子树立一个可以信赖、模仿的榜样。父母应在生活中创造和谐的家庭环境，尊重师长，孝敬长辈；在工作中努力上进，待人热情。在日常生活中，父母要说话算话，任何时候都不要对孩子撒谎，许诺孩子的事，要尽量兑现，不能做到，要向孩子耐心解释，说明原因。

想一想：看图描绘一下他（她）们言传身教的后续故事。

2）一视同仁，不偏不倚。子女多的家庭，父母能否表现出不偏不倚、公正无私的态度，对手足感情的培养和家庭成员的和睦有很大影响。俗语说“手心手背都是肉”，父母对子女应一视同仁，对每个孩子都应给予同样的爱，不要亲一个、疏一个，厚此薄彼，使孩子的心灵受到创伤。

想一想：看图，试着说说如何做到一视同仁。

3）换位思考，作风民主。父母很容易犯的一个错误就是说得多、听得少。其实教育是一个双向的过程，父母要能静下心来，倾听孩子的话，从中感受孩子的心声。现代社会已经进入信息时代，竞争日趋激烈，人们的生活节奏越来越快。一般来说，朝气蓬勃的青年人更喜欢自由、宽松的生活、学习、工作环境。因此，作风民主、开明的父母要多理解子女，在家庭生活中尽量给孩子创造较为宽松的氛围。当子女在生活、学习、工作中遇到困难时，父母可提供些参考意见，少一点命令，多一些沟通。

想一想：参考图片说说，如果可以选择，你理想中的父母是什么样的。

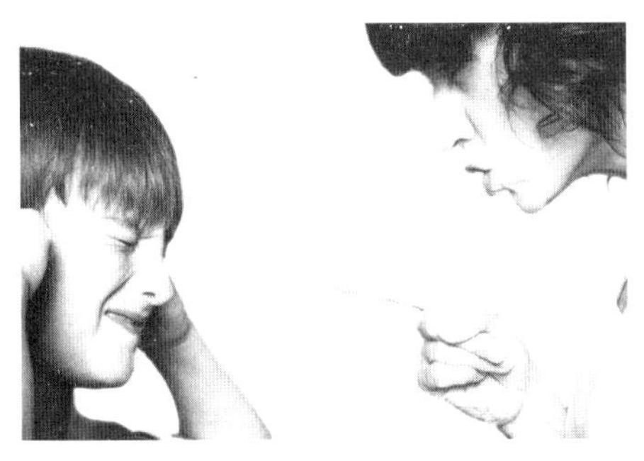

二、兄弟姐妹间的礼仪

一个家庭能否愉快和幸福，兄弟姐妹是否能够和睦相处至关重要。如果兄弟姐妹之间能相互体贴、互相帮助，产生矛盾时不争不吵、互谅互让，这样的家庭多半幸福。但是，在生活中，兄弟姐妹都是差不多的同龄人，朝夕相处，要做到处处符合礼仪，也并不是一件容易的事。

想一想：如何完成从下面左图的状态转变到右图？

如果你希望与兄弟姐妹之间和睦相处，那么就要努力做到：假设你是哥哥姐姐，那就应时时以身作则，在家庭劳动分担上要多些，不与弟弟妹妹斤斤计较，要宽宏大量；对待弟弟妹妹的求教要耐心，切忌不耐烦；不打小报告，弟妹有错决不在外人面前责怪他们，以免伤害他们的自尊心。假如你是弟弟或妹妹，最重要的一点就是尊重哥哥姐姐，不能存有“我比你小，你应该让着我”的优越感，干什么事情都不把哥哥姐姐

放在眼里，为所欲为，不为他人着想。与哥哥姐姐发生争执时，不要利用自己的受宠地位到父母面前去“告状”，以免加深兄弟姐妹间的隔阂。

总之，兄弟姐妹之间要相互谦让，彼此爱护，长爱幼，幼尊长，共同创造温馨祥和的家庭氛围。

第二节 拜访礼仪

拜访亲戚朋友是人际交往中不可缺少的活动，是加深感情和增进友谊的主要方式之一。我们应掌握做客时的礼仪规范，不能因不懂得做客之道而影响亲戚朋友之间的感情、友谊。

1. 要提前预约，不可贸然上门

约定时间后，最好不要早到或迟到。没按约定时间登门，早早就来到别人家里，给受访人一个措手不及，双方都会显得尴尬。迟到，或者因特殊情况不能按时到达，一定要给对方打电话，说明原因。

2. 拜访时，可带一些小礼物登门

如果是初次登门拜访，可以为主人带一些小礼物。在中国，大部分人习惯携带水果送给受访者。除此之外，还可以送一束鲜花、一盒精致的水果糖、一瓶好喝的葡萄酒、一本畅销书，等等。

【小贴士】

- 如果受访人家里有小朋友，可以带一些儿童玩具作为礼物，会是不错的选择。
- 进门前学会告知。
- 到了受访人家门口，要懂得按门铃或是敲门，这是礼节，更是对受访人的尊重。不可大声呼喊受访人的名字。

3. 按门铃的方式

先按一下（有的门铃会连续响几声），如果屋内没有反应，再按一次。那种按住门铃不放，弄得铃声持续不停的方式，暗含催促之意，是不太合乎礼仪规范的。现在门上大多安有“猫眼”，按完门铃后，要从开门者视觉角度考虑，调整好身体的站位，站在“猫眼”的正前方，不远不近，这样屋内的主人就可以通过“猫眼”看到拜访者的脸了。

4. 敲门的方式

用食指和中指叩门，一次持续三下，如果屋内没反应，再持续敲三下。万不可使劲捶门，大声呼喊“开门”，这些都是不合乎礼节的。

5. 进门要记得换鞋

去别人家里做客，进门要记得脱鞋，不可把鞋穿进屋内，以免带入鞋底的尘土，女性的高跟鞋底还有可能破坏主人家的地板。脱鞋就会露袜，一定要保证你的袜子是干净、无破损、无异味的。

6. 进门要寒暄

如果是初次拜访，要主动自我介绍，与主人及其家人握手、问好。进屋后要把外套、帽子、手套脱下放置好，如果戴墨镜，也要摘下来。

7. 卫生间的使用

如果短时间拜访，尽量避免使用主人家里的卫生间。如果主人家里有两个卫生间，在必须要使用的情况下，也要避免使用主卫。

8. 不可随意进入主人的卧室参观

在别人家里做客是有一定的活动区域限定的。最大的禁区就是主人的卧室，不能随意进入参观。卧室是很私密的地方，除非你跟主人关系很熟悉，否则不要贸然闯入，一般在客厅就座即可。

9. 不随意翻动物品

对主人家里的物品不要随意翻动。对屋内观赏性的饰品，可以稍作赞美，不可妄加评论。

10. 茶饮礼节

主人斟茶倒水，不能一滴不喝，多少要表示一下。同时别忘了“喝茶要赞茶”的礼节！

11. 控制好拜访时间

去别人家里拜访，要控制好时间。目的性的拜访，话题要明确；礼节性拜访，话题要轻松，也不能聊起来没完没了，毕竟受访者还会有其他的事情安排。

【小贴士】

- 临时性拜访控制在 15 分钟内，一般不要超过 2 个小时。
- 拜访时创造一个轻松的氛围。
- 去别人家里做客，要做到“客随主便”，不要过于随意，也不要过于拘谨，不失礼节，自然为宜。

第三节 待客礼仪

待客礼仪主要是指主人接待客人的礼貌礼节。良好的待客礼仪能让客人感到亲切、自然，也显得主人热情、有礼。完美的待客至少应做到以下几点。

1）准备。整理房间，整饰衣着，备齐用品，提前等候。

2）迎客。热情迎接问候，让进屋内；若有他人在场，应予相互介绍。

3）待客。先请客人落座，主人后坐下；送上饮品或点心；专注交谈，不宜不停起身，不应一边看电视一边交谈，或者经常暗示时间。

4）送客。起身相送，一般应送到电梯口、楼下或大门口；应挥手致意，目送客人远去。

另外，客人进门时，可接过其衣帽、雨具或示意放置位置，但不要去接客人的手提包。切忌穿着睡衣接待客人，这是一种非常失礼的行为。

单元三

校园礼仪

礼仪周全能息事宁人。

——儒贝尔

学校是人生成长中最重要的地方之一。职业学校的学生不仅要学习专业技能、文化知识，还应具有礼仪知识，学会做人、做事、处事的基本原则。

第一节 课堂礼仪

一、课堂纪律

1. 上课

遵守课堂纪律是最基本的课堂礼仪要求。

上课铃声一响，学生应端坐在教室里，恭候老师上课，当老师宣布上课时，全班学生应迅速起立，向老师问好，待老师答礼后，方可坐下。学生应准时到校上课，若因特殊情况迟到，应得到老师允许后方可进入教室。

2. 听讲

在课堂上，要认真听老师讲解，注意力集中，独立思考，重要的内容应做好笔记。当老师提问时，应先举手，待老师点到名字时才可站起来回答问题。发言时，身体要站直，表情要落落大方，声音要清晰响亮，并且应当使用普通话。

想一想：如果你是图片里的主人公，你希望你的听众是什么样的？

3. 下课

听到下课铃响时，若老师还未宣布下课，学生应当安心听讲，不要忙着收拾书本，或者把桌子弄得乒乓作响，这是对老师的不尊重。下课时，全体同学仍需起立，与老师互道“再见”。待老师离开教室后，学生方可离开。

二、自习课礼仪

1）自习课也是课，学生也应遵守课堂纪律。

2）学生应按照老师的安排，完成规定的学习任务。如果需要和其他同学讨论，最好用耳语，不要影响其他同学学习。

3）学生不要随便离开座位，更不要随便吃喝。手机应关闭，不能拿在手上玩游戏、看小说等。学生应自觉维护教室安静、整洁、有序的学习环境。

第二节 尊师礼仪

尊重是社会交往的第一张通行证，师生之间更是如此。一个好的老师不仅向学生“授业”、帮学生“解惑”，而且向他们“传道”。尊重、理解、宽容是师生和谐相处之道。学生在与老师交往时，应注意以下几点。

1）见到老师主动问好，分别时说“再见”。

2）进出校及上下楼梯给老师让行。

3）进办公室要喊“报告”，听到“请进”后方可进入；问老师问题要说“请问老师”。

4）指出老师的错处要有礼貌。

5）虚心听取老师的教诲，接受师长的教育。

6）对老师说实话、真话，不欺骗老师。

7）珍惜老师的劳动成果，按时完成老师布置的各项作业。

8）服从老师管理，不顶撞老师。

9）在校道上遇见老师主动停下，微微鞠躬问好。遇见两个以上的老师，问“老师们好”。在排队行进中遇见老师，由领队带领全体同学问“老师好”。

10）与老师交谈时，要起立并主动给老师让坐。

11）老师在办事或者与别人交谈时，不可随意打扰，躬身站立一侧，等老师办完事或谈完话后再找老师。

12）老师进入学生宿舍，学生主动站起问好让座；老师离开时起身送出。

选一选：下面哪些图片能体现尊重？请说明原因。

第三节　同学交往礼仪

上学后，每天和自己相处最多的就是同学们了，大家一起学习，一起游戏，一起度过欢乐和难忘的日子。同学间的深厚友谊是岁月积淀的结果。珍惜同学间的友情，处理好同学关系，对自己的学习和成长过程，甚至整个人生旅途都会有很大的益处。注意同学之间的礼貌礼仪，是获得良好同学关系的基础。与同学相处时，我们应注意以下交往守则。

1）同学间要互相问候“你早”“你好”，可点头、招手。

2）与同学说话态度诚恳、谦虚，语调要平和，听同学说话要专心，不轻易打断别人的话。

3）同学间的交往应使用礼貌用语。问同学问题，问前要用谦语“请问”“对不起”“打扰你一下”“向你请教个问题”等，问后要道谢；同学回答不上来，说“不要紧，这个问题比较难回答，耽误了你的时间，谢谢”等。

4）尊重同学，不给同学取绰号或者叫同学的绰号，不说使别人感到伤心、羞愧的话。

5）同学之间互助互爱，主动帮助有困难的同学。

6）尊重和照顾女同学，不欺负女同学。

7）向同学借东西，要先征得同学的同意。对同学的东西要特别爱护，且按时归还。

8）不在同学面前说长论短、搬弄是非。

9）不斤斤计较，对同学的过失或冒犯要宽宏大量。

10）讲究信用，答应别人的事要尽力办到。

说一说：参考下面的图片，说说友谊是怎么形成的。

第四节　校园公共礼仪

校园是公共场所，是师生共有和公用的场所。在公共场所的每一善举都是你高尚心灵的真实写照；在公共场所的任何无礼之举都会暴露你自身修养的不足。公共场所是测试心灵的“实验室”。

一、集会礼仪

在师生聚集的场合，你忽然纵声大笑，可以吗？你忽然放声大哭，可以吗？请小心，在集会上，你的一举一动既可能让你出众，也可能让你出丑，一切取决于你自身的行为举止。如果你不想成为众人注目的反面焦点，就请在日常集会中做到以下几点。

1）集合时，提前到达，准时进入场地，列队快、静、齐，并在指定位置站好。

2）听报告聚精会神，保持肃静，不乱议论，不乱走动。

3）不吃零食，不乱扔果皮纸屑。

4）报告或演出结束后，要鼓掌致谢；精彩之处适度鼓掌，不喝倒彩，不吹口哨，不大声喧哗。

5）学生上台发言要向主席台领导和场内同学鞠躬行礼，少先队员行队礼。发言结束后道谢。

6）会议、演出进行中不擅自离场；演出结束后，等演员上台谢幕后再有秩序地退场。

7）确实有特殊情况需要离开会场，先取得老师的同意才能离开。

二、购物礼仪

同学们经常说的一句话就是："下课去小店。"小店不是大超市，但是你在其中的购买行为却影响着个人的形象。因此同学们应认真了解购物礼仪的要点。

1）购物时，若对已选购的商品感到不满意，应主动将其放回原货架区，不能随意放置。

2）店内的商品不能随意品尝、试用。

3）付账时要自觉排队。

4）对售货员的称谓要得当，对其热情服务要表示感谢。

5）所有商品都要付账，不"顺手牵羊"、占小便宜。

议一议：看图说话，谈谈你看完图片后的想法。

三、食堂就餐礼仪

在学校里，学生通常吃饭的地方就是学校的食堂。食堂是一个重要的公共场所，在食堂的言行要符合自己的学生形象，就餐要遵守相关礼仪。

1）注意公共卫生。打饭和汤时，要用专用工具，不要拿碗直接在饭桶里盛饭。

2）维护公共秩序。要自觉排队，不拥挤。对于插队者，要及时劝阻。

3）珍惜点餐时间。事先打算，提前看好自己要点的菜，并且注意对打菜的师傅使用礼貌用语。

4）不浪费饭菜。爱惜粮食，按量购买，以饱为度，不乱倒剩饭剩菜。

5）讲究进餐文明。吃饭时保持安静，不大声喧哗。吃完后，要收拾自己的桌面，为后面进餐的同学提供干净的就餐环境。

学一学：用餐小礼仪。

吃饭不说话

不要用筷子指东西

注意自己的吃相

注意不要随便把东西吐出来

四、如厕礼仪

厕所反映一个社会的文明程度，是半私密场所，也是体现个人修养的场所。同学们在使用公共厕所时应遵守以下礼仪。

1）“来也匆匆，去也冲冲”。用完公厕，要及时放水冲洗，留下一个干净的卫生空间。

2）切勿将卫生纸、护垫等杂物丢进马桶，以免堵塞下水道。如果不小心把马桶垫板弄脏，一定要用纸擦干净。

3）洗手时，要节约用水，避免水溅得洗手台和地上到处都是。如果不小心溅了水，要用纸擦干净。

4）在公厕有人占用的情况下，后来者须在入口处排队等候，排在第一位者有优先使用权。

5）如公厕备有烘干机和纸巾，一般是先用纸巾擦干手，再扔入垃圾桶，然后用烘干机把手吹干。有些人洗完后边走边甩动双手，这样不仅影响环境卫生，还容易使人滑倒。

6）按需取用，使用洗手液、擦手纸、卫生纸时忌浪费。

7）踩在马桶上是不文明的行为。

在卫生间整理仪容时，若有掉发不能避免，可以用纸随手将掉发收集，丢入垃圾箱。

想一想：如厕不文明行为还有哪些？

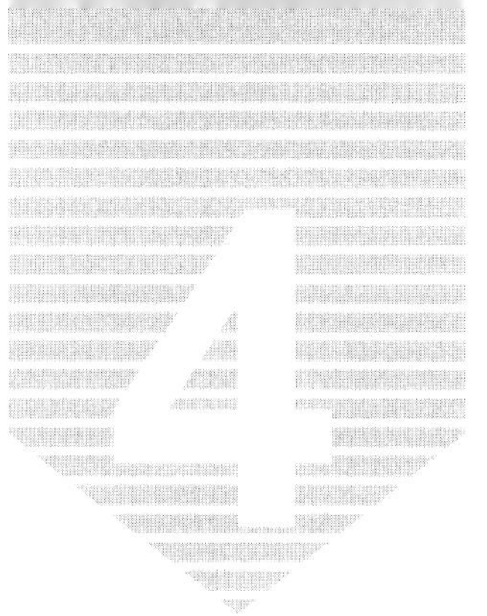

单元四

社交礼仪

在人与人的交往中，礼仪越周到越保险。

——托马斯·卡莱尔

第一节　握手礼仪

握手礼是在交际场合最常使用、适用范围最广泛的见面致意礼节。它表示致意、亲近、友好、寒暄、道别、祝贺、感谢、慰问等多种含义。从握手中，往往可以了解一个人的情绪和意向，还可以推断一个人的性格和感情。有时握手比语言更充满情感。

议一议：下面4幅图片中，你觉得他们握手握对了吗？如果不对，请尝试分析。

1．行握手礼的规则

行握手礼时有先后次序之分。握手的先后次序主要是为了尊重对方的需要，应根据握手人双方所处的社会地位、身份、性别等各种条件来确定。

1）两人之间握手伸手的次序是：上级在先，长辈在先，女士在先，主人在先；而下级、晚辈、男士、客人应先问候，见对方伸出手后，再伸手与之相握。在上级、长辈面前不可贸然先伸手。若两人之间身份、年龄、职务都相仿，则先伸手为礼貌。

2）若男女初次见面，女方可以不与男方握手，互致点头礼即可；若接待来宾，不论男女，女主人都要主动伸手表示欢迎，男主人也可对女宾先伸手表示欢迎。

3）一人与多人握手时，应是先上级、后下级，先长辈、后晚辈，先主人、后客人，先女士、后男士。

4）若一方忽略了握手的先后次序，先伸出了手，对方应立即回握，以免发生尴尬。

2. 握手的正确姿势

标准的握手方式是：两人相距约一步，上身稍前倾，伸出右手，四指并拢，拇指张开，两人的手掌与地面垂直相握，上下轻摇，一般两三秒为宜，握手时注视对方，微笑致意或者简单地用言语致意、寒暄。

3. 握手时的注意点

1）行握手礼时要注意力集中，不要左顾右盼，不要一边握手，一边跟其他人打招呼。

2）见面与告辞时，不要在跨门槛时握手。

3）握手一般总是站着相握，除年老体弱或残疾人以外，坐着握手是很失礼的。

4）单手相握时左手不能插在口袋中。

5）男士勿戴帽、手套与他人握手，穿制服者可不脱帽，但应先行举手礼，再行握手礼。女士可戴装饰性帽子和装饰性手套行握手礼。

6）忌用左手同他人相握，除非右手有残疾。当自己右手脏时，应亮出手掌向对方示意声明，并表示歉意。

7）握手用力要均匀，对女性一般象征性握一下即可，但握姿要沉稳、热情和真诚。

8）握手时不要抢握，不要交叉相握，应待别人握完后再伸手相握。交叉相握在通常情况下是一种失礼的行为。有的国家视交叉握手为凶兆，交叉成“十”，意为十字架，会招来不幸。

第二节 名片礼仪

在人际交往中，名片不但能推销自己，而且能很快地助你与对方熟悉，它就像持有者的颜面，不但要很好地珍惜，而且要懂得怎样去使用。现代名片是一种经过设计、能表示自己身份、便于交往和开展工作的卡片。名片不仅可以用作自我介绍，还可用于祝贺、答谢、拜访、慰问、赠礼附言、备忘、访客留话等。

试一试：以下图为例，尝试分析递送名片的礼仪要求。

一、名片的内容与分类

名片的基本内容一般有姓名、工作单位、职务、职称、联系方式等，也可以把爱好、特长等情况写在上面。选择哪些内容，由需要而定，但无论繁、简，都要求信息准确，形象定位合乎身份。一般情况下，名片可分为两类。

1．交际类名片

除基本内容之外，可以印上组织的徽标，还可以附上英文内容，便于与外国人交流。

2．公关类名片

公关类名片可在正面介绍自己，背面介绍组织，或者宣传经营范围。公关类的名片有广告效应，可以使组织收到更大的社会效益和经济效益。

二、名片的设计

名片用语一般简明清晰、实事求是，传递个人的基本情况，从而达到彼此交际的目的。在现实生活中，我们可以看到有些名片语言幽默、新颖，别具一格。

1）某人的名片上写着“您忠实的朋友——×××”，然后是联系地址、邮编、电话，名片没有任何官衔，语言简洁，亲切诚实。

2）另有一人的名片上写着“家中称老大，社会算老九。身高一七八，自幼好旅游。敬业精神在，虽贫亦富有。好结四方友，以诚来相求”。

3）著名剧作家沙叶新的名片上有一幅自己的漫画像，自我介绍的文字很幽默、有趣，使人对其了解更加深刻：我，沙叶新，上海人民艺术剧院院长——暂时的；剧作家——永久的；××委员、××理事、××顾问、××教授——都是挂名的（大意）。

在设计上，除了文字外，还可借助有特色或象征性的图画符号等非语言信息辅助传情，增强名片的表现力，但不能有烦琐的装饰，以免喧宾夺主。

三、名片的放置

一般说来，应把自己的名片放在容易拿出的地方，不要将它与杂物混在一起，以免用时手忙脚乱，拿不出来。若穿西装，宜将名片置于左上方内侧口袋；若有手提包，可放于包内伸手可得的部位。不要把名片放在裤袋内，这是很失礼的行为。另外，不要把别人的名片与自己的名片放在一起，否则，一旦慌乱中误将他人的名片当作自己的名片送给对方，将是非常糟糕的。

四、出示名片的顺序和礼节

1. 出示名片的顺序

名片的递送先后虽说没有太严格的讲究，但是也是有一定的顺序的。一般是地位低的人先向地位高的人递名片，男性先向女性递名片。当对方不止一人时，应先将名片递给职务较高或年龄较大者；或者由近至远依次进行，切勿跳跃式地进行，以免对方有厚此薄彼之感。

2. 出示名片的礼节

向对方递送名片时，应面带微笑，稍欠身，注视对方，将名片正对着对方，用双手的拇指和食指分别持握名片上端的两角送给对方。如果是坐着的，应当起立或欠身递送。递送时可以说一些“我是××，这是我的名片，请笑纳。”“我的名片，请您收下。”“这是我的名片，请多关照。”之类的客气话。

在递名片时，切忌目光游移或漫不经心。出示名片还应把握好时机。

1）当初次相识，自我介绍或别人为你介绍时可出示名片。

2）当双方谈得较融洽，表示愿意建立联系时应出示名片。

3）当双方告辞时，可顺手取出自己的名片递给对方，以示愿结识对方并希望能再次相见，这样可加深对方对你的印象。

五、接受名片的礼节

接受他人递过来的名片时，应尽快起身或欠身，面带微笑，用双手的拇指和食指接住名片的下方两角，态度也要毕恭毕敬，使对方感到你对名片很感兴趣。接到名片时要认真地看一下，可以说："谢谢！能得到您的名片，真是十分荣幸。"等，然后郑重地放入自己衬衣上侧或西装内侧的口袋、名片夹或其他稳妥的地方。切忌接过对方的名片一眼不看就随手放在一边，也不要在手中随意玩弄，否则会伤害对方的自尊，影响彼此的交往。

六、名片交换的注意点

1）在对外交往中，与西方、中东、印度等友人交换名片只用右手就可以了，与日本人交换名片要用双手。

2）当对方递给你名片之后，如果自己没有名片或者没带名片，应当首先对对方表示歉意，再如实说明理由。例如，"很抱歉，我没有名片""对不起，今天我带的名片用完了，过几天我会亲自寄一张给您"。

3）向他人索要名片最好不要直来直去，可采用如下方法委婉索要。

方法之一是"积极进取"。可主动提议"某先生，我们交换一下名片吧"，而不是单要别人的。

方法之二是"投石问路"。即先将自己的名片递给对方，以求得其予以"呼应"。

方法之三是虚心请教。例如，可以说："今后怎样向您求教？"以暗示对方拿出自己的名片来交换。

方法之四是呼吁"合作"。例如，可以说："以后如何与您联系？"这也是暗示对方留下名片。

4）对方向你索要名片，倘若你实在不想满足对方的要求，也不应直言相告，为让对方不失面子，你可以表达得委婉一点。通常可以这样说"对不起，我忘了带名片"，或是"不好意思，我的名片刚才用完了"。

第三节　用餐礼仪

用餐时，每一位用餐者均应使自己的表现合乎礼仪。随着人们生活水平的提高、生活方式的更新及对外交流的日益增加，中国人在了解中餐礼仪的同时，也要了解西餐餐具的使用和用餐方法等西餐礼仪。

一、中餐礼仪

1. 桌次安排

中餐礼仪中桌次安排的总规则是面门定位、以右为尊、以远（门）为上。另外，还应兼顾其他各桌距离主桌的远近。通常，距离主桌越近，桌次越高；距离主桌越远，桌次越低。

2. 位次排列

1）主人大都应面对正门而坐，并在主桌就坐。

2）举行多桌宴请时，每桌都要有一位主桌主人的代表在座，位置一般和主桌主人同向，有时也可以面向主桌主人。

3）各桌位次的尊卑，应根据距离该桌主人的远近而定，以近为上，以远为下。

4）各桌距离该桌主人相同的位次，讲究以右为尊，即以该桌主人面向为准，右为尊，左为卑。

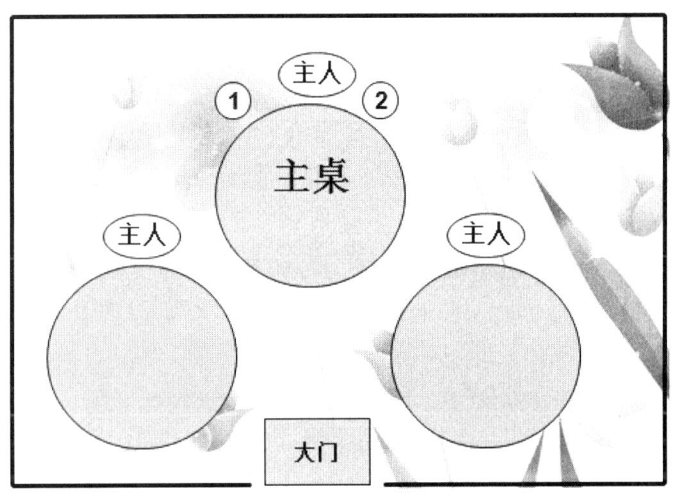

3. 点菜的礼仪

点菜时，一定要心中有数，可遵循以下 3 个规则。

一看人员组成。一般来说，人均一菜是通用规则，男士较多时可适当加量。

二看菜肴组合。一般来说，一桌菜最好是有荤有素，有冷有热，尽量做到全面。

三看宴请的重要程度。根据宴请客人的重要程度确定菜品的价格。

注意：点菜时不应问服务员菜肴的价格或是讨价还价。

4. 进餐的礼仪

（1）注意筷子的使用

中式餐饮的主要进餐工具是筷子，应注意采用标准的握筷姿势。过高或过低握筷，或者变换指法握筷都是不规范的。在使用筷子夹菜时不要在菜肴上乱挥动，不要用筷子穿刺菜肴，不要将筷子含在口中，不要让菜汤滴下来，不要用筷子去搅菜，不要把筷子当牙签，不要用筷子指点别人。需要使用汤匙时，应先将筷子放下。另外应注意多多使用公筷、公勺，养成良好的用餐习惯。

说一说：参考图片解读生活中的用餐礼仪。

（2）注意自己的吃相

进餐要文雅，不要狼吞虎咽，每次进口的食物不可过大，应小块小口地吃。在品尝已入口的食物与饮料时，要细嚼慢品，最好把嘴巴闭起来，以免发出声响。喝汤时，不要使劲地嘬，若汤太热，可稍候或用汤勺，切勿用嘴去吹。食物或饮料一经入口，除非是骨头、鱼刺、菜渣等，一般不宜再吐出来。需要处理骨刺时，不要直接外吐，可用餐巾掩嘴，用筷子取出放在自己的餐盘或备用盘里，勿置桌上。口中有食物，勿张口说话，若别人问话，适值自己的口中有食物，要等食物咽下后再回话。整个进餐过程中，要热情与同桌人员交谈，眼睛不要老盯着餐桌，显示出一副贪吃相。

（3）注意牙签的使用

正式宴会中，不宜当众使用牙签，更不可用指甲剔牙缝中的食物。如果感觉有必要，可以直接到洗手间去除掉。在餐桌上必须用牙签时，最好用手捂住嘴轻轻剔，边说话边剔牙或边走边剔牙都是不雅观的行为。

如何正确握筷。

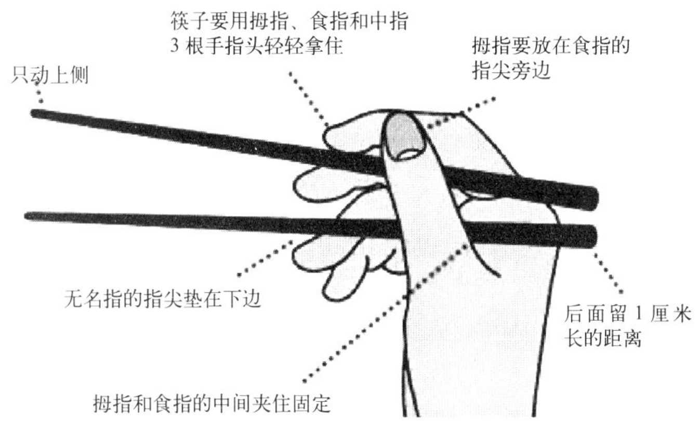

5. 中餐的饮酒礼仪

1）领导相互喝完才轮到自己敬酒。敬酒一定要站起来，双手举杯。

2）可以多人敬一人，决不可一人敬多人，除非你是领导。

3）自己敬别人，如果不碰杯，自己喝多少可视情况而定，切不可比对方喝得少。

4）自己敬别人，如果碰杯，说一句“我喝完，你随意”，方显大度。

5）记得多给领导或客人添酒，不要瞎给领导代酒。

6）端起酒杯，右手握杯，左手垫杯底，记着自己的杯子要低于别人。

7）如果没有特殊人物在场，碰酒最好按时针顺序，不要厚此薄彼。

8）碰杯、敬酒，要有说辞。

9）桌面上不谈生意。

10）假如遇到酒不够的情况，应将酒瓶放在桌子中间，让大家自行添加。

二、西餐礼仪

1. 西餐上菜顺序

（1）头盘

西餐的第一道菜是头盘，也称开胃品。开胃品的内容一般有冷头盘或热头盘之分，常见的品种有鱼子酱、鹅肝酱、熏鲑鱼、鸡尾杯、奶油鸡酥盒、焗蜗牛等。

（2）汤

与中餐不同的是，西餐的第二道菜就是汤。西餐的汤大致可分为清汤、奶油汤、蔬菜汤和冷汤 4 类。

（3）副菜

鱼类菜肴一般作为西餐的第三道菜，也称副菜。因为鱼类等菜肴的肉质鲜嫩，比较容易消化，所以放在肉类菜肴的前面，叫法上也和肉类菜肴主菜有区别。

（4）主菜

肉、禽类菜肴是西餐的第四道菜，也称主菜。肉类菜肴的原料取自牛、羊、猪等各个部位的肉，其中最有代表性的是牛肉或牛排。

（5）蔬菜类菜肴

蔬菜类菜肴可以安排在肉类菜肴之后，也可以与肉类菜肴同时上桌，因此可以算为一道菜，或者称为一种配菜。蔬菜类菜肴在西餐中称为沙拉。还有一些蔬菜是熟食的，如花椰菜、煮菠菜、炸土豆条。

（6）甜品

西餐的甜品是在主菜后食用的，可以算做第六道菜，包括所有主菜后的食物，如布丁、煎饼、冰激淋、奶酪、水果等。

（7）咖啡、茶

西餐的最后一道是热饮，咖啡或茶。饮咖啡一般要加糖和淡奶油，茶一般要加香桃片和糖。

2. 进餐过程的注意事项

（1）餐巾的使用

对折后把开边朝外平放在膝上。若需暂时离开座位，将其搭在椅背上即可，用餐完毕再把餐巾折好放在桌上。

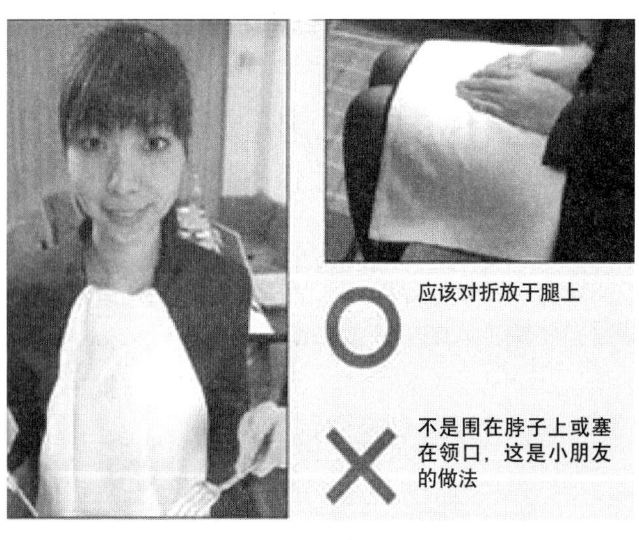

（2）喝汤的礼仪

喝汤时，用汤勺从里向外舀。汤盘中的汤快喝完时，用左手将汤盘的外侧稍微翘起，用汤勺舀干净即可。另外喝汤时，不要发出声音。

✕ 不用汤匙，而直接拿起来喝

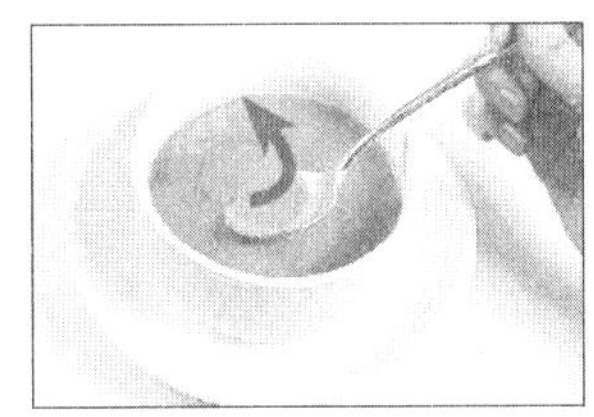

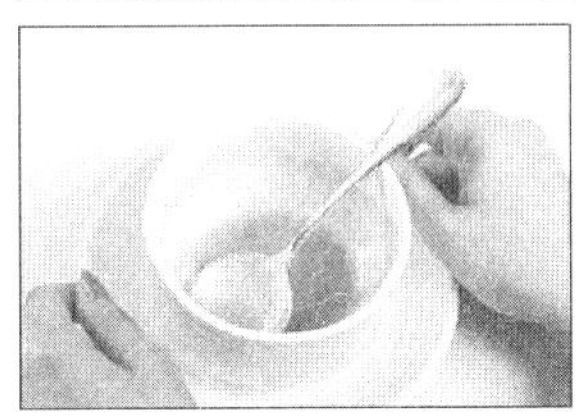

○ 汤匙要由内往外舀食，使用完后把汤匙放在碗内，汤匙的柄放在右边为原则，而汤匙凹陷的部分必须向上

（3）享用面包的礼仪

先撕下一口大小的量再送入口中，不要拿着整块面包咬。抹黄油或果酱时，也要先将面包掰成小块再抹。

（4）轻松有派吃牛排

吃牛排时，遵循“左叉右刀”的原则。从牛排的左下角开始切，以一口的量为标准，切割时不要发出声音，可以直接用左手上的叉子送入口中，或是放下右手上的刀，把叉子换到右手，再送入口中。原则上吃牛排是吃一点切一点，而不是都切好再吃，因为这样会影响肉的品质，进而影响肉的口感。

知识学堂：刀叉摆放小知识。

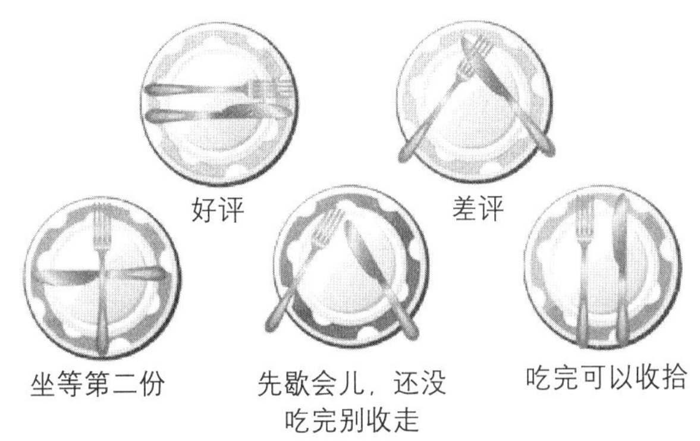

(5) 优雅吃沙拉

大片叶子不易入口时应用刀将叶子折成小片再吃。细碎菜叶可以用刀叉共同聚集到一起卷起，再用叉子叉着送入口中。

(6) 吃水果或甜点

吃水果可用刀切成一口大小，然后叉起来一块一块地放入口中。千万不要将大块水果直接放入口中。

(7) 喝咖啡

1）冷却咖啡。不能用嘴直接吹凉咖啡，应用咖啡匙轻轻搅拌，等其自然冷却。

2）搅拌咖啡。用左手捏住杯耳，右手拿咖啡匙，不能将食指伸入杯耳，用指尖轻轻捏住即可。

3）加糖。若加砂糖，就用咖啡匙舀取；若是用小袋装的糖，则把小袋撕开个横口再倒入咖啡中；加方糖用糖夹放入杯中，尽量不让咖啡溅出。

3. 西餐的饮酒礼仪

(1) 饮酒的方式

1）充分摇晃与空气接触。

2）看挂杯，闻气味。

3）使酒水充分接触口腔。

(2) 酒杯的拿法

1）葡萄酒杯只握住杯脚。

2）白兰地酒杯要用手由下往上包住杯身。

3）香槟杯应握住杯脚的最上方。

葡萄酒杯

白兰地酒杯

香槟杯

（3）斟酒的方法

酒瓶倾斜时要使商标朝上。不要用力倒，慢慢倒才不会使气泡溢出。葡萄酒等一般由服务员斟酒。

知识学堂：教你如何碰杯。

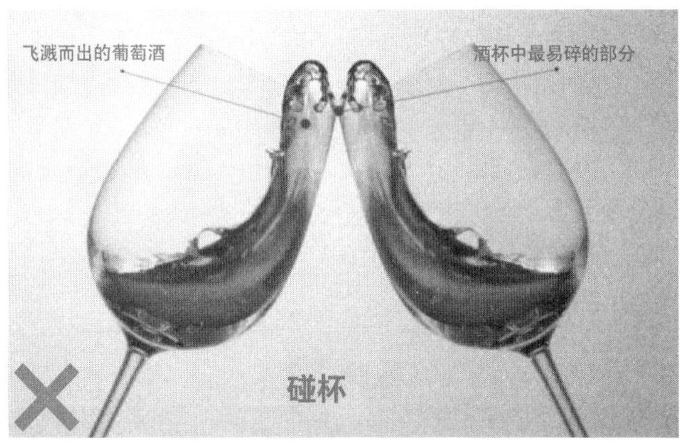

单元五

公共礼仪

一个人的礼貌就是一面照出他的肖像的镜子。

——歌德

公共礼仪体现社会公德。在社会交往中，良好的公共礼仪可以使人际交往更加和谐，使人们的生活环境更加美好。公共礼仪总的原则是遵守秩序、仪表整洁、讲究卫生、尊老爱幼。

第一节　排队礼仪

排队在很多情况下是效率较高的解决问题的方式之一。排队，简单来说，就是人们按照先来后到的顺序一个挨一个地排列成队，以便依次从事某事。在排队时，应当遵守的礼仪规范有以下几点。

1. 自觉排队

排队的时候，要保持耐心，不要起哄、拥挤，或者破坏排队列。即使前面有你熟识的人，也不要去插队。排队自觉与否虽是区区小节，却能从侧面反映出人的人格。

2. 不横穿排好的队伍

如果大家排好了队，不要从队伍里横穿过去。在不得已的情况下，应先说声“对不起”。

3. 遵守顺序

排队的基本顺序是先来后到、依次而行。排队时，一定要遵守并维护这一秩序，不仅要自己做到不插队，还要做到不让自己的熟人插队。

4. 保持适当间隔

排队时，大家均应缓步而行，人与人之间最好保持 0.5 米左右的间隔，不能前胸贴着后背，否则会让人感到很不舒服，甚至会影响他人所办的事情。

5. 可以有效利用排队的时间

排队时可以随身携带一份报纸或一本口袋书，这在很多排队场合非常有用。时间充分利用了，该做的事也完成了。

6. 不同场合的排队礼仪

1）银行。在银行办理相关业务时，应按照银行划定的区域按顺序排队。前者在窗口办理业务时，后者应在 1 米线后等待。窥视、越步上前询问或者未等前者办完就争抢办理业务，都是非常不礼貌的行为。

2）车站。等候公共汽车时应按顺序排队。登车时不要拥挤占座，应有秩序地礼让乘车。在机场、火车站等场所等候出租车时应到指定区域排队上车。

3）餐厅。餐厅或食堂都是公共场所，排队等候需要有一定的耐心，不要敲击碗筷，制造不和谐的气氛。

第二节　行路礼仪

一个人上班工作、上学读书、外出办事、上街购物或漫步散心，都离不开行路。在这平常的“走路”中，包含着一系列的礼仪要求，同样需要注意讲求公德礼仪，遵守交通规范。

1. 礼让为先

在比较拥挤的地段，要有秩序地依次通过。一般的要求是：青少年应主动给老年人让路，健康人应给残疾者让路，男士应给女士让路。

2. 问候熟人

路遇熟人，要主动打招呼，忌假装不识，匆匆闪过。如果遇到的是久别重逢的朋友，寒暄之后还想交谈几句，应自觉靠边站立，以免妨碍他人行走。如果遇到街道另一边行进的朋友，可以同他打招呼，点头致意就行了，切忌高呼狂叫，惊扰他人。

3. 注意卫生

行路时忌随处乱扔废物，忌随地吐痰、擤鼻涕。另外，不宜养成边走路边吃东西的习惯，那样既不雅观，也不卫生。

4. 礼貌问路

问路要用礼貌用语，可以这样说：“同志，对不起，我可以向你问个路吗？”也可用“请问”“劳驾”等词开头。俗话说“走路叫声哥，少走十里多”，称呼一定要恰当。对方回答你之后，不论自己是否感到满意，都应诚恳地说声“谢谢”。另外骑车者问路要下车后再问。

5. 不要围观

街头围观是一种极不文明的习惯。有位作家说过：“好教养不是表现在不把佐料碰翻在桌布上，而是表现在别人碰翻的时候自己不去看。”行路时，遇到交通事故、他人争吵等现象不要围观，尤其是不应围观外宾和身着少数民族服装者。

6. 切莫张望

一个人独自在街道上行走，行进的路线要一定。若非寻觅遗失之物，切莫在行进中左顾右盼、东张西望，也不要从右边走到左边，再从左边走到右边。这样做有可能阻挡后边的行人，也可能会被他人怀疑此人精神不太正常。

7. 注重行走位置

在人行道上行走，女性或长者应走在内侧，男性或年轻者行于外侧。若一位男性与两位或两位以上的女性同行，男性应走在最外侧；若两位男性与一位女性同行，女性则走在中间。若夫妇两人陪长辈外出，丈夫走在外侧，长辈居中，妻子走在内侧。

8. 留神碰撞

人们在行走中常常提着东西，要留神不要让自己提的东西阻挡或碰撞他人。提东西一般用右手，最好不要左提右抱。如果一群人并行，则提东西的人应走在外侧。

9. 忌窥私宅

途经临街的私人住宅时，不论其中有人或无人，均不能扒着门窗向内观望，也不要逗弄其中饲养的动物。

议一议：请同学们观察下面两幅图，谈谈你的想法。

第三节 参观旅游礼仪

参观旅游已成为国人的生活时尚，所谓“读万卷书，行万里路”，它不仅可开阔心胸，拓展视野，还可增长见闻，开发智能。然而同学们是否知道，参观游览也有一定的礼仪规范？

1. 参观礼仪

如今，参观富有浓郁历史与文化气息的博物馆、美术馆成了很多人的兴趣爱好。为此参观者应了解参观时需要注意的礼仪规范。

（1）保持环境安静

博物馆、美术馆是相对比较安静的社会公共场所，人们在参观时应学会默默地品味和欣赏艺术品的魅力，不能为了发表议论或者炫耀自己的“博学”而旁若无人、指手画脚、大声喧哗，不要随便从别人面前走过，更不要长时间“独占”展品。

（2）养成良好的参观习惯

参观馆内展出的作品或物品，应用眼睛观赏，用心灵体会，切勿用手触摸。不要对标有“严禁拍照”字样的展品进行拍照。

（3）尊重讲解员

如果有讲解员介绍作品、物品，参观者应耐心倾听讲解员的讲解。如果在参观过程中存有疑问，应选择合适时机礼貌提问，不宜不停发问，以免影响其他参观者。在听讲解时，还要注意为讲解员留有一定的活动空间，但也不要过于分散。

（4）保持场馆卫生

不要边参观边吃零食，更不要吸烟、随地吐痰或乱扔垃圾。

2. 游览观光礼仪

随着人们生活水平的提高，外出旅游已经成为大多数人假日休闲活动的首选，身为旅游者应了解游览观光的相关礼仪，做一个文明的旅游人。

（1）爱护旅游景点的一砖一瓦、一草一木

不可攀折花木，不得随意涂写、刻画，不要触摸珍贵的文物展品，不能戏弄游览点的动物，在山林中还应注意防火。

（2）维护环境整洁

游客在旅游观光时，有维护环境整洁的责任与义务，在需要安静观赏的地方，不要大声喧哗、嬉笑打闹。在外野餐之后，一定要将垃圾收拾干净，集中丢弃在垃圾箱或垃圾点，不可信手丢弃，更不要随地便溺。

（3）顾及他人

旅游途中，游客间要以礼相待，主动谦让，如走在狭窄的小路上、过小桥、穿山洞时，要主动给老弱妇孺让道，不争先抢行。如果不小心冒犯了他人，应及时致歉。如果是随团队旅游，一定要听从导游的安排，应征得导游同意方可离队。在自由游览时不可玩得不亦乐乎而误过归队时间，让全队人为你担心。

（4）遵守公共秩序

遇到购票或游览某景点的人较多时，要自觉排队，不要前推后拥，造成混乱。

（5）注意个人形象

游山玩水时衣着可舒适自然，运动装、休闲装皆可，但不要赤身露体，有碍观瞻；年轻情侣、新婚夫妇结伴游玩，自然是亲密无间，但在大庭广众之下，过于亲昵的举动是有失礼节的。到少数民族地区旅游，在领略独特的民族风情的同时，所到之处要入乡随俗，尊重当地的风俗习惯和一些宗教戒规。

第四节　网络礼仪

网络礼仪是互联网使用者在网上对其他人应有的礼仪。在真实世界中，人与人之间的社交活动有不少约定俗成的礼仪；在互联网虚拟世界中，也同样有一套不成文的礼仪，即网络礼仪，供互联网使用者遵守。忽视网络礼仪的后果，可能会对他人造成骚扰，甚至引发网上骂战或抵制等事件，虽然不会像真实世界般动武造成损伤，但对当事人也不会是一种愉快的经历。现在科技发达了，许多同学也喜欢上了网络这个虚拟世界，如果我们不注意文明礼貌，就很容易陷入“言者无意，听者有心”的困境。无论你对自己的礼仪有无信心，无论你面对的人是谁，都必须注意自己的言行举止，须记住“污言秽语要摒弃，尊重网友戒攻击”！为此，我们应恪守网络文明公约，做到以下几点。

1）认真学习网络上的知识，不浏览违法网站和不良信息。

2）与网友进行诚实友好的交流，不侮辱、欺骗他人。

3）增强自我保护意识，不随意约会网友。

4）上网时间要控制，不沉溺虚拟空间。

5）不制作、传播计算机病毒等破坏性程序。

说一说：选取下面任意一幅图片作为话题，谈谈你对网络的看法。

单元六

职场交际礼仪

善气迎人，亲如弟兄；恶气迎人，害于戈兵。

——管仲

我们经常能够看到，公司里有的人，短短几年，就从格子间坐进了小屋；也有的人，在一样的位置上原地踏步了十年。谁也不比谁聪明多少，而差的人究竟差在什么地方，好的人又好在了什么地方？一日之计在于晨，一年之计在于春，而工作的收获，也要从最初当实习生的阶段说起。

对于实习生而言，要重视的方面林林总总可以列出许多，但礼仪无疑是其中不可或缺的一部分。每个国家都有适合其国情的礼仪规范，我们在实习生活中的行为、态度等也要受到种种规则的约束。可以说，在现在的社会中，如果一个实习生缺乏礼仪，那么他是很难发挥应有的作用的，因为适当的礼仪会给人以好印象，而差劲的礼仪形象则会遮掩一个人的才干。在实习过程中，实习生要注重的礼仪体现在以下几个方面：对待上级的礼仪、对待同事的礼仪和对待岗位师父的礼仪。

第一节　上下级交际礼仪

好不容易通过了严格要求、层层把关的面试，成为了一名实习生，接下来我们是不是就可以放松自己了呢？答案当然是否。真正成为一名实习生后，礼仪的要求反而会更高，因为我们已经进入了工作岗位，开始直接与老板、客户、其他员工交流。其中，和老板的相处是我们需要重视的方面之一。

说一说：看到下面这幅图，你有什么观感？

从某些角度来说，老板是最大的客户，因为对于一个实习生而言，他直接或间接地决定你实习后的去留，以及在公司的薪酬、发展和职业道路。如何成为老板的心腹，如何深得老板欢心，如何让老板放心地把各种重要的任务交给自己，如何向老板证明你能胜任……这些问题组成了一个永恒经典的话题：对待自己的老板应该保持怎样的礼仪。

首要的礼仪当然是认真负责地对待自己的工作。实习生通过工作表现自己的方法只有一条，就是主动工作。把手头的任务当作自己的事情来做，而不是仅仅把老板安排的任务完成了就可以。既然当作自己的事情，就要考虑得十分周全，想想有没有什么方法可以改进，有哪些细节需要留心，从哪些途径可以得到最丰富翔实的资料——让老板感到你真心想做好这份工作，他才会感到欣慰，从而重视你。

其次要适当地表现自己，与老板建立良好、友善的关系是与老板相处需要遵循的重要礼仪。在工作的时候努力表现，而工作之余不妨多做一些人情上的交流。高处不胜寒，老板们有时候很孤单，尤其是吃饭时间，小职员们都成群结伴，老板往往被落下。如果有人能主动提出和老板一起吃饭，相信他会很欣喜。这并非刻意地讨好老板，而是一种化解尴尬的体贴，同时也是一种和他人建立联系的基本的礼仪。

最后一点就是做到诚实。实习过程中很容易犯各种各样的错误，这几乎是不可避免的。犯错了怎么办？最好的办法是诚恳地告诉老板，认真地道歉，并且尽量弥补。诚实是人际交往中非常重要的礼仪，在实习中也不能例外。作为实习生，在短短的实习期间，需要向老板展现的，不只是你的工作能力，还有你的“为人处世”。要让他觉得，你值得信任，值得托付，值得留在身边。要让老板了解自己的为人，了解自己做人的礼仪。

说一说：参考下面的图片，谈谈如何才可以更好地得到上司的认可。

第二节　同事交际礼仪

作为每天相处的人群，同事对于一个人的职业生涯是非常重要的。尤其对一个刚刚起步的实习生来说，在周围建立良好的人脉有助于其在公司的进一步发展。如果一个实习生不能尽快获得大家的喜爱与认可，他留在公司继续工作的可能性也会变得很小。

同事是与自己一起工作的人，与同事相处得如何，直接关系到自己的工作、事业的发展与进步。如果同事之间关系融洽、和谐，人们就会感到心情愉快，有利于工作的顺利进行，从而促进事业的发展；反之，就会阻碍事业的正常发展。处理好同事关系，在礼仪方面要注意以下几点。

1. 尊重同事

相互尊重是处理好各种人际关系的基础，同事关系也不例外。同事关系不同于亲属关系，它不是以亲情为纽带的社会关系，亲属之间一时的失礼，可以用亲情来弥补。同事之间的关系是以工作为纽带的，一旦失礼，创伤难以愈合。因此，处理好同事之间的关系，最重要的是尊重对方。

2. 物质上的往来应一清二楚

同事之间可能有相互借钱、借物或馈赠礼品等物质上的往来，但切忌马虎，每一笔都应记得清楚明白，即使是小的款项，也应记在备忘录上，提醒自己及时归还，以免遗忘，引起误会。

在物质利益方面无论是有意还是无意地占对方的便宜，都会在对方的心理上引起反感，从而降低自己在对方心目中的人格。

3. 对同事的困难表示关心

同事遇到困难，通常首先会选择向亲朋求助，但作为同事，应主动问询，对力所能及的事应尽力帮助，这样，会增进双方的感情，使关系更加融洽。

说一说：参考下面的图片，谈谈如何与同事相处。

4. 不在背后议论同事的隐私

每个人都有隐私，隐私与个人的名誉密切相关，背后议论他人隐私，会损害他人的名誉，引起双方关系的紧张甚至恶化。这是一种不光彩的、有害的行为。

5. 对自己的失误或同事间的误会，应主动道歉、说明

同事之间相处，出现摩擦在所难免。如果是自己的失误，应主动向对方道歉，取得对方的谅解。对双方的误会应主动向对方说明，不可小肚鸡肠，耿耿于怀。

第三节　师徒交际礼仪

在试行现代学徒制的今天，一个最核心的要素——师徒关系，引起人们越来越多的重视。“一日为师，终身为父”是传统师徒制的写照。在中职学校践行现代学徒制，为了更好地稳固师徒关系，应注意以下几个方面。

1. 拜师学艺，形成敬师之风

“师父，请喝茶！”伴随着一句敬语、一个深深的鞠躬，身穿工作制服的学生恭敬地将茶水递至师父跟前。喝下这杯饱含情意的茶水，师徒关系就正式建立了。拜师，表面看是一种形式，实则是一种技艺的延续和文化的传承。借助这样一个神圣的仪式，不仅能激发弟子对学习的渴求、对技艺传承的使命感，同时还能树立师父的权威、增强师父的责任感。

2. “一日为师，终身为父”

在传统学徒制中，即使徒弟已经出师，仍会以师徒之礼对待师父。现代学徒制的复兴，在很大程度上是对这种文化的现代性诠释和批判性接纳。徒弟在跟随师父学习技艺的过程中，始终保持一种谦卑、礼貌的姿态：见到师父主动问好；遇到难题虚心向师父请教；主动帮助师父分担工作任务……

3. 遵从师父的安排，不要采取抗拒、排斥的态度

遵从安排是起码的组织原则。师父是前辈，徒弟应认真聆听教诲，有疑问事后沟通，决不去打师父的小报告。即使师父的安排有误，也不要紧抓这个问题不放，及时和师父进行心理沟通，增加心理相容，采取谅解、支持和友谊的态度，以此增进师徒的感情。

参 考 文 献

丁建庆，唐立芳，2013．中职生礼仪实用教程 [M]．北京：科学出版社．

栗书河，2006．饭店服务礼仪训练手册 [M]．北京：旅游教育出版社．

吕欣，2011．旅游接待礼仪 [M]．北京：旅游教育出版社．

潘安岚，蒋祖慧，2015．形体及礼仪训练 [M]．2 版．北京：旅游教育出版社．

宋作德，李敏，2011．现代礼仪规范教程 [M]．上海：上海交通大学出版社．

张金霞，2007．导游接待礼仪 [M]．北京：旅游教育出版社．

浙江省教育厅职成教教研室，2010．服务礼仪 [M]．北京：高等教育出版社．